中国近代新闻学名著系列丛书

芮必峰◎主编

应用新闻学

—— 任白涛◎著 ——

中国传媒大学出版社

·北京·

出版说明

本丛书整理再版了近代在中国用中文出版的经典新闻学著作，所涉及的图书既有专著、教材，也有译著，全面涵盖了新闻学理论、新闻业务、新闻史等领域，成书年份前后跨越40年。在这40年间，中国的新闻学科从无到有、从借鉴到创新，成就巨大。对这些著作的再次出版，为研究中国近代新闻学提供了珍贵的史料，绘制了中国近代新闻学的全景，度量了中国近代新闻学的厚度，填补了该领域空白，也为纪念中国新闻学诞生100周年献上了一份厚礼。

我们请中国人民大学新闻学院教授、博士生导师，广西大学新闻传播学院院长，教育部社会科学委员会委员兼新闻传播学科召集人郑保卫，及中国传媒大学传播研究院院长、教授、博士生导师，中央实施马克思主义理论研究和建设工程新闻学首席专家雷跃捷对本丛书的内容进行了审定，并根据专家的意见进行了修改。在此对两位专家所付出的辛勤劳动表示衷心感谢。

由于历史原因，本丛书中的个别图书存在一些问题，为保存历史原貌，为研究者提供一手的参考资料，影印时均基本保持其原貌，未作大的删改，希望读者结合当时的历史条件和历史环境，对其中的观点进行批判性借鉴。原书中存在一些错别字、漏字和排版错误，我们在影印时均未做改动，敬请读者注意。

由于原书出版年代久远，本丛书中的许多书籍难觅其踪，存世数量稀少，版权状况极其复杂。为了保证本丛书的学术性和完整性，我们将具有价值的图书先行选入其中，进行了抢救性发掘，力图保存中国新闻史珍贵的历史资料。版权所有人若有异议，请及时与我们联系。

为更好地体现中国近代新闻学的发展脉络，本丛书特别收录了欧美学者休曼的《实用新闻学》、斯蒂德的《新闻学的理论与实际》；日本学者松本君平的《新闻学》、后藤武男的《新闻纸研究》、杉村广太郎的《新闻概论》。当年这些书的出版对中国近代新闻学具有一定的借鉴意义。

本丛书为影印制作，成书清晰度由原书决定，由于出版年代久远，受当时生产力水平及制作方法限制，难免会存在一些缺陷，敬请读者谅解。

中国传媒大学出版社

总　序

如果从1903年商务印书馆编译出版日本人松本君平的《新闻学》算起，中国的新闻学已有115年历史①。如果从1918年北大新闻研究会建立，徐宝璜开办新闻学讲座算起，中国新闻学教育和研究迄今正好100年历史。我们搜集整理了清末至民国期间一些有代表性的新闻学书籍，希望借此重现早期中国近代新闻学的本来面貌，反映我国新闻学发展的历史脉络，我们认为，这对中国新闻学术、教育史研究以及中国近现代思想史研究都是很有意义的。

从1903年到1949年9月的40多年间，我国公开出版和内部印行的新闻学书籍，包括专著、教材、论文集、资料汇编、参考工具书等，约468种之多。②它们集中反映了我国新闻学的历史发展轨迹。然而，由于多种原因，这些书籍除了几本曾被重印出版外，大多已经是"只闻其名、难觅其踪"，这对我国新闻学研究不能不说是一个遗憾。

本丛书在梳理1903—1949年间出版的有代表性的新闻学书籍的基础上，精选了50部著作，校订注释，编纂再版，也算对这一遗憾的弥补。

从我们挑选的这50部新闻学书籍来看，中国早期新闻学的发展有三个鲜明的特点：

一、中国早期新闻学的发展与中国社会发展，尤其与国家民族利益息息相关

40多年间，中国新闻学从近乎空白到勃然而兴，这与中国社会的动荡、变

① 黄天鹏回顾新闻运动时说："有清光绪二十八年，商务印书馆刊行《新闻学》一书，为我国人知有新闻学之始，原书为日人松本君平所著……"资料来源：黄天鹏．新闻运动之回顾［A］．黄天鹏．新闻学名论集［C］．上海：上海联合书店，1929．

② 林德海，等．中国新闻学书目大全1903—1987［M］．北京：新华出版社，1989．

革休戚相关。西方新闻学是现代化的产物，最早形成于19世纪末20世纪初。1901年，“新闻学”一词首见于中文报章[①]，但直到民国前夕，国人对于“新闻有学乎”尚存疑，认为报社就是新闻人才的“养成所”。至1912年上海报业俱进会以“吾国报业之不发达……其最大原因，则为无专门之人才”[②]为由，号召组织报业学堂，培养报业专门人才。不难看出，此时新闻界亦将新闻学视为办报之“技”。至1918年邵飘萍为徐宝璜《新闻学》作序仍“窃叹我国新闻界人才之寥落，良由无人以新闻为一学科而研究之者”[③]。黄天鹏把1903年至1918年新闻学研究会建立之前的十余年视为中国新闻学的启蒙期。[④]

1918年，随着以启蒙为目标的新文化运动愈演愈烈，新思潮涌入国门，“新学”“西学”站在旧传统的对立面被学界关注，新闻学思想也不例外。作为公学之首和新文化运动中心的北京大学率先开办新闻学研究会，力证了“新闻学”存在的正当性；徐宝璜《新闻学》一书问世，成为中国新闻学理论的奠基之作。新闻学教育兴起，新闻学研究著作渐盛，待到北伐前夕，中国新闻学从学理上和实践上俱已建立起来。

新文化运动后期，马克思主义传入中国，资本主义文明逐渐“祛魅”。之后的大萧条使得西方国家的痼疾暴露无遗，曾经“理想之彼方”的西方报业也难以幸免。在这一时代背景下，如何建立“吾国之报业”成为新闻学研究的热点，围绕这一热点，一方面，关于中外新闻理论、新闻事业、新闻业务的著作日益涌现；另一方面，军阀对于激进言论的暴力摧残，又引发了新闻人对于言论自由的论争。20世纪20年代的中国新闻学呈现百家争鸣之势。

“在这言论自由纷争之际，也有若干论调，认为新闻纸不过是一种政治宣传的工具，在新闻学方面也唱过所谓社会主义的新闻理论，不过这种论调没有完成，当头的国难已把这种理论粉碎。”[⑤]“九一八”事变后，面对空前的民族危机，“国家至上、民族至上”成为国论，报业成为勾连与动员社会的渠道和网络，

---

① 梁启超．本馆第一百册祝辞并论报馆之责任及本馆之经历［J］．清议报，1901（100）：1–8．

② 戈公振．中国报学史［M］．上海：上海书店，1989：278．

③ 徐宝璜．新闻学［M］．长春：时代文艺出版社，2009：7．

④ 黄天鹏．四十年来中国新闻学之演进［M］//龙伟，任羽中，王晓安，何林，吴浩．民国新闻教育史料选辑．北京：北京大学出版社，2010：149．（以下征引本书时，一律简注为《民国新闻教育史料选辑》。）黄天鹏在此文中提出他对于1903年到战事结束的40余年间中国新闻学发展阶段的划分，原载《中国新闻学会年刊》第1期，1942年9月。

⑤ 黄天鹏．四十年来中国新闻学之演进［M］//民国新闻教育史料选辑．北京：北京大学出版社，2010：161．

致力于推动“舆论统一”。直到全面抗战中期之前，以战争宣传动员为主要研究目标的“战时新闻学”都是新闻学研究的热点。

1943—1949年中华人民共和国成立前夕，随着战争形势的转变，抗日战争已现胜利的曙光，中国新闻学人开始构想新闻业的未来。萨空了①于1943年开始着手书写《科学的新闻学概论》，旨在提醒新闻人应“鉴于美英的前车”②，避免报纸“为大财阀资本家所独占”③，“积极地设法使报纸成为大多数民众自己的相互报道消息、提供意见的工具”④。

二、中国新闻学是“西学东渐”的产物，中国早期新闻学人大多具备西学背景

“西学东渐”的内在精神是中体西用。在“用”的招牌下，西学大量涌入。中国新闻学直接引自日本和美国。首先，中国最早的新闻学译著分别为1903年商务印书馆编辑出版的松本君平的《新闻学》和1913年美国记者休曼著、史青编译的《实用新闻学》。前者成为中国新闻学的开端，而后者作为美国第一本新闻教育著作，“提供采访编辑各种实际问题的解决方案”⑤，也奠定了中国新闻人对于新闻教育之作用的基本构想。

早期中国新闻学人大多具备留美留日的求学背景。徐宝璜曾于美国密歇根大学修习经济学与新闻学，其《新闻学》（1919）的参考文献包括在美国出版的图书23种、在英国出版的图书7种，印证了时任北大校长蔡元培所言，“新闻学之取资，以美为最便矣”⑥。任白涛求学日本早稻田大学政治经济学系时，加入了《朝日新闻》名记者杉村楚人冠等筹建的“大日本新闻学会”⑦，《应用新闻学》

① 萨空了（1907—1988）四川成都人，蒙古族，笔名了了、艾秋飚，记者、主编、新闻学家。1927年任《北京晚报》《世界日报》编辑记者、《世界画报》总编辑。曾任教民国学院新闻系、北京新闻专科学校。1935年任上海《立报》副刊主编、总编辑兼经理。中华人民共和国成立后任中央人民政府新闻总署副署长兼新闻摄影局局长、出版总署副署长、全国政协副秘书长兼《人民政协报》总编辑等职。负责主编《中国大百科全书·新闻出版》卷，著有《科学的新闻学概论》《科学的艺术概论》《宣传心理研究》等。

② 萨空了．科学的新闻学概论［M］．香港：文化供应社，1946：36.

③ 萨空了．科学的新闻学概论［M］．香港：文化供应社，1946：36.

④ 萨空了．科学的新闻学概论［M］．香港：文化供应社，1946：36.

⑤ 黄天鹏．四十年来中国新闻学之演进［M］//龙伟，任羽中，王晓安，何林，吴浩．民国新闻教育史料选辑，北京：北京大学出版社，2010：157.

⑥ 邓绍根．中国新闻学的筚路蓝缕：北京大学新闻学研究会［M］．北京：清华大学出版社，2015：228.

⑦ 1915年《朝日新闻》的杉村楚人冠等在庆应义塾大学创办“新闻研究会”并讲授课程，后根据该讲义出版了《最近新闻纸学》（1918）。其时，杉村楚人冠还兼任“大日本新闻学会”的筹建者与学会新闻讲座讲师。

（1922）正是仿照杉村楚人冠《最近新闻纸学》一书体例所做。[①]邵飘萍的《实际应用新闻学》（1923）亦参考了《最近新闻纸学》。[②]杉村楚人冠深受美、德新闻思想熏陶，美、日、德的新闻思想因故才传到中国。

事实上，正是留美、留日学生群体的新闻学著述构建起了中国早期新闻学的基本框架。仅本丛书所涉国内著（编）者30人中，剔除资料不详者3人，有留学经历者共计15人。其中留美5人：徐宝璜、伍超、赵敏恒[③]、戈公振[④]、曹用先[⑤]；留日8人：吴定九[⑥]、邵飘萍、黄天鹏、任白涛、张友渔[⑦]、谢六逸、袁殊[⑧]、王文萱[⑨]；

---

① 周光明．近代新闻史论稿［M］．北京：社会科学文献出版社，2014：276．

② 方晓红．中国新闻简史［M］．南京：南京师范大学出版社，1996：122．

③ 赵敏恒（1904—1961），记者、新闻学教授。早年就读于清华大学，1923年起先后于美国科罗拉多大学文学院、密苏里大学新闻学院、哥伦比亚大学新闻学院攻读英国文学和新闻学，并获新闻学硕士学位。1925年起在纽约环球通讯社当编辑。1927年回国，在国民政府外交部情报处短暂工作后加入路透社。1945年10月任《新闻报》总编，兼任复旦大学新闻学教授。

④ 留学两个及两个以上国家的，按其留学的第一个国家计。

⑤ 曹用先，女，宁波人，天津南开大学社会科毕业。1926年与未婚夫查良鉴自南开大学毕业后，同赴密歇根大学留学，1930年在该校安娜堡完婚。硕士毕业后回国，曾就职于上海商务印书馆编辑所并任教于大夏大学，1949年与查赴台，1951年4月病逝于台湾。

⑥ 吴定九（1890—1930），名鼎，字定九，嘉定人。著名报人，《京报》元勋之一，著有《新闻事业经营法》。公派赴日本名古屋学习土木工程时，与在东京政法学校读书的邵飘萍成为密友。1923年9月，私立北京平民大学设立报学系，时任京报社经理的吴定九担任教授并讲授专业课程“新闻经营法”。

⑦ 张友渔（1898—1992），原名张象鼎，字友彝，又名张忧虞，山西灵石人。法学家、政治学家、新闻学家。先后求学于山西第一师范学校，国立北平法政大学法律系。1927年任《国民晚报》社长兼总编辑。同年加入中国共产党，任中共北平市委委员兼秘书长。1930年赴日留学。“九一八”事变后回国任《世界日报》主笔及燕京大学、中国大学、民国大学、中法大学、北平大学法商学院教授，讲授宪法学、劳动法学、新闻学和日本问题。1943年起在重庆任中共南方局文委秘书长、《新华日报》社论委员会委员、中共重庆工作委员会候补委员兼政策研究室副主任、《新华日报》代总编辑等职。

⑧ 袁殊（1911—1987），中共谍报人员、记者、新闻学者。早年赴日攻读新闻学、东洋史。曾创办上海自修大学并设新闻专科。1931年3月创办的《文艺新闻》，最早揭露了左联五烈士被害的消息。1932年任新声通讯社记者，经潘汉年引介加入共产党。1942年卧底敌伪报纸《新中国报》，1945年10月转移到苏北解放区；1949年调入中央情报部门。著《记者道》《学校新闻讲话》《新闻大王赫斯特》等书；译《新闻法制论》等。

⑨ 王文萱，曾留学日本，1930年5月翻译杉村广太郎的《新闻概论》。1942年国立社会教育学院新闻系成立，王文萱在该系教授新闻业务课程。1947年年初，李宗仁授意萧一山在北平创办《经世日报》作为喉舌，任命王文萱、蓝文澄两位教授为主笔。

旅欧2人为胡愈之和储玉坤[①]（详情见表）。这些涉足新闻学研究的归国留学生兼容并蓄，汲取美、日、德等国新闻理论和马克思主义新闻思想的精华，进行本土化改良，亦从侧面反映出中国新闻学的理论来源。

三、中国早期新闻学人往往兼新闻实践、新闻教育、新闻研究于一身

1918年，北京大学新闻学研究会成立，徐宝璜负责讲授新闻学知识。他结合自身从业经验，参考欧美新闻学书目，形成课程讲义；再结合讲课心得，不断完善新闻学理论。1919年，国人自撰的第一本新闻学专著《新闻学》最终成书。徐在自序中细陈写书修书之过程："新闻学乃近世青年学问之一种，尚在发育时期。余对于斯学，虽曾稍事涉猎，然并无系统之研究。客岁蔡校长设立新闻学研究会，命余主任其事，并兼任导师。余乃于暑假中，正式加以研究，就所得著《新闻学大意》一篇，以为开会后讲演之用。……开会后，余继续研究，加以会员之质疑问难，时有心得，遂将原稿加以修改，成第二次之稿……"[②]显然，"曾稍事涉猎"指其曾经担任《晨报》主笔的工作经历。早期中国新闻学人兼具从业经验和新闻学教学经验者多会总结实践经验、丰富新闻理论、著书立说、传道授业，这种情况并不鲜见。

从早期新闻学著作的作者（编者）身份来看：本丛书涉及国内著（编）者30人，除李公凡、刘元钊和鲁风三人身份不详，仅蒋国珍[③]、项士元[④]二人没有明确的新闻从业经验。而在这25人中，更有20人兼具从业经历与从教经历。新闻学人大多具有新闻从业经历，学术研究、传承活动与新闻实践密不可分（详

① 储玉坤，1912年生，江苏宜兴人，笔名雨君、储华。1937年中央政治学校大学部新闻学及国际政治专业毕业。1938年1月任《文汇报》编辑兼社论撰述者；1938年5月担任《文汇报》法国哈瓦斯分社编辑；抗战胜利后，任《文汇报》总主笔。1946年5月转任《申报》主笔和法国新闻社远东分社中文部主任，兼任中国新闻专科学校教务长和沪江大学新闻系教授。著有《现代新闻学概论》《第二次世界大战史》《美国经济》。

② 邓绍根．中国新闻学的筚路蓝缕［M］．北京：清华大学出版社，2015：244.

③ 蒋国珍出生于1896年，江苏溧阳人，做过学生运动领袖、国民党党员、教育工作者、政府职员、银行经理。曾加入上海学生运动，代表上海全国各界联合会、全国学生联合会、上海各界联合会、学生联合会四团体发声。虞文俊认为其传世的《中国新闻发达史》翻译自日本人伊藤武雄的《中国新闻发达史》，即蒋国珍应为此书的译者而非著者。

④ 项士元（1887—1959），佛教居士、学者。原名元勋，号慈圆，又号石槎。浙江临海人，通日、英、德、梵、俄文，一生佛学著作等身。25岁毕业于杭州府中学堂，后办私立小学和赤城初级师范，兼任各校教师；捐资并赠书创办了临海图书馆。项士元长期辗转江浙等地从事教育、新闻和史志方面的研究工作。中华人民共和国成立后主持台州文管会，任浙江省文史馆馆员。所著《浙江新闻史》是中国最早的新闻史之一。

见表1[①]）。

从新闻学著作本身来看，许多民国新闻学书籍正是新闻实践和新闻教育的直接产物：国人自撰的第一部新闻采访学专著——《实际应用新闻学》根据邵飘萍在北京大学新闻学研究会和平民大学新闻系的讲稿所著，《新闻学总论》一书则根据邵氏国立政法大学的新闻学讲义整理而成；周孝庵[②]根据自己在复旦大学的新闻学讲义编著了《最新实验新闻学》；郭步陶[③]的《本国新闻事业》是上海市私立申报新闻函授学校讲义之十一；而《新闻学的基础知识》本就是中美日报读讯会[④]为新闻学自修者所出版的教材《实用新闻学讲义》之一；储玉坤的《现代新闻学概论》则是专门为大学新闻理论教科书而编写的（详见表2）。

正是由于早期新闻学人兼新闻实践、新闻教育、新闻研究于一身，才能为理论教学与著述提供最鲜活的案例，促使新闻实践经验迅速融入新闻学理论研究。这是近代中国新闻学迅速发展的重要因素，对于当今的新闻学研究、新闻学教育工作也有重要启示。

本丛书编委会邀请相关领域资深专家进行研讨，认真甄选了书目，仔细进行了版本比较和甄别，从而保证了本丛书较高的学术权威性。

由于历史的局限，民国新闻学书籍的不足是明显的，如学术理论不成熟、部分话语和话题打上了深深的时代烙印等；又因书中涉及的新闻稿件写作于特定历史环境和历史年代，其表达方式不严谨亦不可避免。盖所选书目皆是历史文献，我们在审校中尽量保持其历史原貌，不做大的删改；对极个别对马克思

① 李秀云．留学生与中国新闻学［M］．天津：南开大学出版社，2009：239-251．本书中李秀云整理了民国期间从事新闻学研究的留学生44人，并分析其留学国别构成、专业构成、新闻实践经历、从教经历等。

② 周孝庵（1900—1973），佛教学者、律师、报人。松江府人。毕业于江苏省立第一商业学校。历任上海时事新报馆记者、编辑、主编，著《最新实验新闻学》。1928年秋被复旦大学聘为新闻学教授。曾于上海法政大学获法学学士学位，1930年兼律师。1932年主编上海《新闻报》“法律质疑”栏目、编著了《法律质疑汇编》。上海沦陷后，曾氏关闭了律师事务所，潜心佛学研究。

③ 郭步陶（1879—1962），原名成爽，后改名惜，字步陶。四川隆昌人。名记者、新闻研究者。1911—1917年任《申报》编辑，1917年任《新闻报》编辑主任、主笔。1930年任教于复旦大学新闻系。上海沦陷后赴香港，任职于《申报》（香港）、《星岛日报》；1939年创建中国新闻学院（香港）并任院长。抗战胜利后回沪任教于复旦大学、新中国学院。

④《中美日报》是“孤岛”时期的国民党报纸，为躲避日伪新闻检查，在美商罗斯福出版公司招牌下运作，副刊有《集纳》《堡垒》等。1938年11月创刊，1941年12月停刊，1945年8月复刊，次年4月终刊。总编先后为杨勋民、查修、詹文浒，总主笔周宪文，执笔者有储玉坤、章丹枫等。胡道静曾任英文编辑。报社读讯会为自修新闻学的读者出版了《实用新闻学讲义》，共计10种，对编辑术、采访术、评论作法、新闻写作、新闻学史、剪报工作等都有专篇论述。

主义、共产党等的不适当叙述已进行了删除处理。

本丛书规模较大，从策划项目、搜集资料、校订编纂到审稿成书，历时两年有余。这50本书可能并非本本经典，其中有些内容亦有重复、雷同之处，但瑕不掩瑜，它们对于研究中国新闻学功不可没，作为新闻史资料极具研究价值。感谢中国传媒大学出版社和安徽大学新闻传播学院诸位老师的辛勤付出，也希望读者在本丛书中能读出更丰富的内容，获得启发并更深入地思考。

丛书主编　芮必峰

2018年5月7日

附表：

表1　著者受教育、从业、从教及著述情况列表

序号	姓名	是否留学及留学国家	从业经历	从教经历	著作
1	徐宝璜	美国密歇根大学，经济学、新闻学	北京《晨报》主笔	北京大学新闻学研究会、北京平民大学新闻系	《新闻学》《新闻事业》
2	戈公振	1927年赴美国、日本考察新闻事业	首创《图画时报》、“上海新闻记者联合会”会长、《申报》总管理处设计处主任兼《申报星期画刊》主编	上海南方大学新闻系、上海国民大学新闻系、复旦大学新闻系、上海沪江大学商学院、上海民治新闻学院	《新闻学撮要》《中国报学史》《新闻学》
3	邵飘萍	东京政法学校	《汉民日报》主编、《时事新报》《申报》《时报》主笔、创办“北京新闻编译社”、《京报》社长	北京大学新闻学研究会、北京平民大学新闻系、国立法政大学	《实际应用新闻学》《新闻学总论》
4	吴定九	日本名古屋工业专门学校土木工程	主持《京报》	北京平民大学新闻系、国立法政大学	《新闻事业经营法》
5	谢六逸	日本早稻田大学东洋文学史	《立报》文艺副刊《言林》主编、《国民周刊》《趣味》周刊主编	复旦大学新闻系、申报新闻函授学校、国立社会教育学院新闻系、暨南大学新闻系、大夏大学新闻系	《实用新闻学》《国外新闻事业》《新闻储藏研究》
6	黄天鹏	日本早稻田大学新闻系硕士	在北平创刊《新闻学刊》并担任主编	复旦大学新闻系、上海沪江大学商学院新闻学科	《新闻文学概论》《中国新闻事业》《新闻学入门》《新闻学概要》
7	赵敏恒	美国科罗拉多大学文学院、密苏里大学新闻学院、哥伦比亚大学新闻学院攻读英国文学和新闻学，并获新闻学硕士学位	纽约环球通讯社编辑，后加入路透社。“九一八”事变后为美国国际新闻社、伦敦《每日电讯报》《朝日新闻》等供稿。1945年10月任《新闻报》总编辑	复旦大学新闻系、中央政治学校新闻系、暨南大学新闻系	《外人在华的新闻事业》

续表

序号	姓名	是否留学及留学国家	从业经历	从教经历	著作
8	周孝庵	无	历任上海时事新报馆记者、编辑、主编；主编《上海新闻报》“法律质疑”栏目	复旦大学新闻系、新闻大学函授科	《最新实验新闻学》
9	张友渔	1930年、1932年、1935年多次赴日学习新闻学、考察日本新闻事业	《世界日报》编辑、《大同晚报》总编辑、《国民晚报》社长、《泰晤士报》总编辑、《新华日报》社论委员	燕京大学新闻系、北平民国学院新闻系	《新闻之理论与现象》《日本新闻发达史》
10	袁殊	日本新闻专科学校、早稻田大学历史系	创办《文艺新闻》《译报》、新声通讯社记者	上海自修大学新闻专科	《记者道》《学校新闻讲话》《新闻大王赫斯特》《新闻法制论》（译）
11	胡愈之	1928年法国巴黎大学攻读国际法	《东方杂志》编辑、创办《公理日报》、哈瓦斯通讯社远东分社中文部编辑主任、主编新加坡《南洋商报》		《胡愈之出版文集》
12	储玉坤	留法	《新闻报》编辑、《文汇报》编辑、法国哈瓦斯通讯社中国分社编辑、《文汇报》总主笔、《申报》主笔、法国新闻社远东分社中文部主任	中国新闻专科学校、沪江大学新闻系、之江大学新闻系、致用大学新闻学系	《现代新闻学概论》
13	任白涛	日本早稻田大学政治经济学	创办中国新闻学社、《新湖北日报》总编辑		《应用新闻学》《综合新闻学》
14	曹用先	美国密歇根大学①	上海商务印书馆编辑所②	大夏大学③	《新闻学》

① 毛彦文．往事［M］．北京：商务印书馆，2012：28．
② 雪林．一段值得介绍的婚姻（红藏·生活·第四卷第三十八期）［M］．湘潭：湘潭大学出版社，2014：435-437．
③ 毛彦文．往事［M］．北京：商务印书馆，2012：28．

续表

序号	姓名	是否留学及留学国家	从业经历	从教经历	著作
15	王文萱	留日①	《经世日报》②	国立社会教育学院新闻系③	《新闻概论》（译）
16	伍超	留美“攻读新闻科”④			《新闻学大纲》
17	郭步陶	无	《申报》编辑、《新闻报》编辑主任兼主笔、《申报》（香港）、《星岛日报》编辑	复旦大学新闻系、《申报》新闻函授学校、中国新闻学院（香港）、新中国学院	《本国新闻事业》
18	任毕明⑤	无	《民国日报》《时报》《快报》主笔、《大众日报》总编辑	香港中华新闻学院	《战时新闻学》《评论学十讲》
19	赵君豪⑥	无	《申报》副总编辑	上海商学院新闻专修科、复旦大学新闻系、上海法政学院新闻专修科	《中国近代之报业》《上海报人的奋斗》

① 杉村广太郎．新闻概论·黄序［M］．王文萱，译．上海：联合书店，1930．

② 冯国定．忆萧一山先生［M］//中国人民政治协商会议北京市委员会文史资料研究委员会文史资料选编（第43辑），北京：北京出版社，1992：104．

③ 苏州大学社会教育学院．峥嵘岁月（第三集）［M］．北京、上海、南京、苏州校会．1991：229．

④ 伍超．新闻学大纲·自序［M］．上海：商务印书馆，1925．

⑤ 任毕明，原名任大任，生于1904年，广东鹤山人。1925年在广西梧州创办《民国日报》，曾任《时报》《快报》主笔，主持过香港的《大众日报》。参与创办香港中华新闻学院，并任教。著作有《龙虎集》《风云集》《社会大学》《新社会大学》《战时新闻学》和《评论学十讲》等。

⑥ 赵君豪（1900—？）江苏兴化人。报人。“五四时期”求学于上海交通大学，经常给著名的《民国日报》副刊《觉悟》投稿，并与时任《觉悟》编辑的邵力子讨论种种社会改造问题。毕业后进入《申报》馆工作，抗战后任《申报》副总编辑。1929、1942年两度兼任复旦大学新闻系编辑教授；1930年兼任上海法政学院新闻专修科教授，讲授采访学；曾任《申报》新闻函授学校教授。1944年10月在重庆出版《上海报人的奋斗》。

续表

序号	姓名	是否留学及留学国家	从业经历	从教经历	著作
20	杜绍文[①]	无	杭州《民国日报》国际版编辑、《东南日报》《前线日报》主笔兼《新闻战线》周刊主编、《东南日报》总编辑、《文汇报》办公室主任	复旦大学新闻系	《新闻政策》《中国报人之路》《战时报学讲话》《国际新闻纵横谈》
21	胡道静[②]	无	《万有文库》编辑、上海通志馆编修、《通报》《中美日报》《大晚报》等报记者、编辑、撰稿人	上海法政学院新闻专修科	《上海新闻事业之史的发展》
22	张静庐	无	创办上海杂志公司并出任总经理		《中国的新闻记者与新闻纸》《中国近代出版史料》《中国现代出版史料》《中国出版史料》《在出版界二十年》
23	萨空了	无	《北京晚报》编辑记者、《世界日报》画刊编辑、《世界画报》总编辑、天津《大公报》艺术半月刊主编	民国学院新闻系、北京新闻专科学校	《科学的新闻学概论》

① 杜绍文（1909—？），又名杜超彬，广东澄海人。1927年入复旦大学中文学新闻组学习，1931年留校助教。后任杭州《民国日报》国际版编辑、资料室主任、浙江《东南日报》主笔。抗战期间主编浙江战时新闻学会会刊《战时记者》月刊,《国民日报》总编辑、社长；抗战胜利后任上海《前线日报》主笔兼《新闻战线》周刊主编。1946年至1951年间任复旦大学新闻系教授，1952年任上海《文汇报》记者、编委办公室主任。著有《新闻政策》《中国报人之路》《战时报学讲话》《国际新闻纵横谈》。

② 胡道静（1913—2003），安徽泾县人。1931年毕业于上海持志大学国语系。曾参加《万有文库》编辑和上海通志馆编修工作。“孤岛”时期坚守上海新闻界抗日宣传工作，任《通报》《中美日报》《大晚报》《密勒氏评论报》记者、编辑、撰稿人，同时在上海法政学院新闻专修科讲授新闻史课程，为共产党的抗日宣传培养新闻干部。1949年后历任中华书局上海编辑所编辑、上海人民出版社编审等。

续表

序号	姓名	是否留学及留学国家	从业经历	从教经历	著作
24	管照微[①]		复旦大学校刊编辑、1931年兼任上海新闻社记者	兰州大学经济系	编《新闻学论集》
25	项士元				
26	蒋国珍	疑为《中国新闻发达史》的译者而非著者[②]			
28	李公凡	不详			
27	鲁风	不详			
28	刘元钊	不详			

① 管照微，高中就读于上海立达学园，曾与王济深、刘仲达、唐旭之等先后组织了“时潮社”和“立达剧团”。后进入复旦大学新闻系学习，与伍梦窗、林楚君、向浦、徐之津等加入了复旦大学“左联”，并负责复旦大学的校刊编辑工作。1933年12月21日因宣传左翼思想被捕，后任教于兰州大学经济系。

② 虞文俊是东亚中国新闻史研究第一人。《中国新闻发达史》译者蒋国珍初考［J］. 新闻界，2015（15）.

表2　书目

序号	年份	书名	作者	备注
1	1903	新闻学	〔日〕松本君平 著	
2	1913	实用新闻学	〔美〕休曼著 史青译	
3	1919.12	新闻学	徐宝璜① 著	北京大学 新闻研究会讲稿
4	1922.11	应用新闻学	任白涛② 著	
5	1923.8	实际应用新闻学	邵振青 著	北京平民大学、 国立法政大学讲义
6	1924.4	新闻事业	徐宝璜 胡愈之 著	
7	1924.6	新闻学总论	邵飘萍 著	
8	1925.1	新闻学大纲	伍超 著	
9	1925.2	新闻学撮要	戈公振③ 编	
10	1927.9	中国新闻发达史	蒋国珍 著	
11	1927.11	中国报学史	戈公振 著	
12	1928.9	中国的新闻纸	张静庐 著	
13	1928.11	最新实验新闻学（上）	周孝庵 著	复旦大学新闻系
14	1928.11	最新实验新闻学（下）	周孝庵 著	复旦大学新闻系
15	1930.4	新闻事业经营法	吴定九 著	
16	1930.5	新闻概论	〔日〕杉村广太郎 著 王文萱 译	

① 徐宝璜，中国新闻学者、新闻教育家。1912年毕业于北京大学，后公费留美，于密歇根大学攻读经济学、新闻学。徐宝璜在美国密苏里大学受过系统的新闻学教育。

② 任白涛，笔名冷公、一碧，河南南阳人。1911年辛亥革命后，先后担任上海《民立报》《神州日报》《新闻报》驻河南特约通讯员，参加当地反袁活动。1916年留学日本，在早稻田大学攻读政治经济学，并加入了大日本新闻学会。

③ 戈公振所著的《中国报学史》最早由上海商务印书馆出版，是研究新闻学和我国新闻事业发展史的开山之作，国内外新闻界将之誉为中国首部新闻史学权威著作。任教上海国民大学期间，戈公振开始着手《中国报学史》一书的写作。在从事新闻工作之余，戈公振致力于新闻教育事业和新闻学研究工作，曾在上海国民大学、南方大学、大夏大学、复旦大学等校新闻系和杭州暑假报学讲习所讲授新闻学方面的课程，在新闻学研究上留下了许多著述。

续表

序号	年份	书名	作者	备注
17	1930.8	中国新闻事业（上）	黄天鹏[①] 著	
18	1930.8	中国新闻事业（下）	黄天鹏 著	
19	1930.8	新闻纸研究	〔日〕后藤武男 著 俞康德 译述	
20	1930.9	浙江新闻史（上）	项士元 编	
21	1930.9	浙江新闻史（下）	项士元 编	
22	1932.7	学校新闻讲话	袁殊 著	
23	1932.8	外人在华的新闻事业	赵敏恒 著	
24	1933.4	新闻学入门	黄天鹏 著	
25	1933.10	新闻学论集	管照微 编	复旦新闻学会丛书
26	1935	实用新闻学（上）	谢六逸[②] 编	申报新闻函授学校讲义之三
27	1935	实用新闻学（下）	谢六逸 编	申报新闻函授学校讲义之三
28	1934.1	新闻学	曹用先	
29	1934.2	新闻学概要	黄天鹏 编	复旦大学讲义、 上海沪江大学新闻学专修科
30	1935	上海新闻事业之史的发展	胡道静 著	
31	1936.5	新闻学讲话	刘元钊 编著	

① 黄天鹏，字天鹏，别号天庐。1927年1月，他创办了我国首个新闻学刊（1929年扩改为《报学月刊》）并任主编；他是我国新闻学术史上最早研究新闻学之产生及发展史的学者，是我国具有新闻学术史观的第一人。他于1923年就读于北京平民大学报学系，1929年留学日本,修业新研究所,旋入早稻田大学新闻系。归国后出版了《新闻文学概论》《中国新闻事业》《新闻学入门》《新闻学概要》等十余本新闻学专著。

② 谢六逸，中国现代新闻教育事业的奠基者之一。著名的作家、翻译家、教授。1917年以公费生身份赴日就读于早稻田大学。1922年毕业归国，入商务印书馆工作。后历任神州女校教务主任及暨南大学、复旦大学、大夏大学教授。1930年任复旦大学中文系主任，并创设了后来闻名海内外的复旦大学新闻系，任主任。

续表

序号	年份	书名	作者	备注
32	1936	本国新闻事业	郭步陶 编著	申报新闻函授学校讲义十一
33	1936.6	新闻之理论与现象	张友渔 著	
34	1936.11	记者道	袁殊 著	
35	1937.7	现代新闻学概论	储玉坤 著	国民党政府唯一指定大学新闻理论教科书
36	1938.7	战时新闻学	任毕明 著	
37	1938.9	中国近代之报业（上）	赵君豪 著	
38	1938.9	中国近代之报业（下）	赵君豪 著	
39	1938.10	基础新闻学	李公凡 著	
40	1939.7	中国报人之路	杜绍文 著	
41	1940.4	新闻学	戈公振 著	1932 年完稿，另有 1947 年版
42	1941	新闻学的基础知识（上）	中美日报读讯会 编	中美日报读讯会实用新闻学讲义
43	1941	新闻学的基础知识（下）	中美日报读讯会 编	中美日报读讯会实用新闻学讲义
44	1941.7	综合新闻学 1	任白涛 著	
45	1941.7	综合新闻学 2	任白涛 著	
46	1941.7	综合新闻学 3	任白涛 著	
47	1944.9	新闻学	鲁风 著	新中国自修学院约稿
48	1946.6	科学的新闻学概论	萨空了 著	另有 1945.3 出版的署名艾秋飚的版本
49	1946.11	新闻史上的新时代	胡道静 著	
50	1947.12	新闻学的理论与实际	〔英〕斯蒂德 著 王季深 吴饮冰 译	上海文化函授学校读本

序

憶吾少小之時，卽嗜報紙成癖。逾冠，與海上二三報社締特別通信之約，而遂置吾身於新聞界，此十年前事也。然吾當時對於新聞事業，興味雖極濃厚，却甚不滿意於中國新聞界，偶有感觸，輙記錄之。若於新聞雜誌中見有涉及新聞紙及新聞記者之事，無論殘簡零篇，更悉珍重收藏。私願於他日爲一書，初未知有所謂『新聞學』也。嗣以祖喪退職。繼復東渡三島，始知二十世紀之學術界，早有所謂『新聞學』者，插足其間，而流布三島者，且亦累月經年矣。課餘，於坊肆遍蒐新聞學一類之典籍，旁稽各種新聞雜誌，終仿杉村氏著『最近新聞紙學』之體例，編製此書，——一九一六年冬屬稿，一九一八年夏完成。乃就正於愛研斯道之吾友王拱璧，旋經拱璧讎校一過，是正甚多，吾深感之。

一度返國之後，更番東渡，欲刊此書於江戶。未幾，學潮勃發，踉蹡西歸，是爲吾書出版之一大頓挫。——在蹉跎復蹉跎中，頻頻造成與吾書以新生命——易稿——之機會。

昨年夏，南遊至滬，新聞界之舊識新知，咸力促吾書行世。然吾於此書，其始也，唯恐其出之遲，迨夫歷閱數稔，則又唯恐其出之速。蓋吾每經一度之改正，必得一度之後悔。故當發刊之會，決不敢率爾從事，而海上雜冗，不適吾居，乃卜遷西子湖畔山幽林邃之處，整理吾書。——自然美與吾以極大之恩惠，而吾書亦得以均霑。換言之，百泉交匯之聖水，忽使吾之性靈受嚴重之洗禮，而湖山之秀氣，尤不無爲吾書添若干之點染焉。旣而分篇付梓，直至本年初冬，校事始畢。

此區區十萬言之册子，吾實用去六七寒暑，其間吾固非無別爲，而吾之精神，殆無時無刻而不寄託於此書。至於湖居之年餘，則又純爲此書所銷磨。吾自問後悔成分，已減至零數，可告無愧於讀者矣。然而淺學如吾，時虞不逮，吾今後唯一之希望，是在大雅宏達之教誨耳。

白濤　一九二二年，十一月，於西湖，六一泉畔。

寫在任著新聞學的上頭

一九一七年，我到東京，見着我的朋友白濤，正在努力地做新聞學著述的工作，積稿已經滿案了。那時屋裏雖只白濤一人；但我的確覺得有兩個朋友在座。『快把同胞們餓死了！你還要「割必正膾必細」嗎？』這是我當時催促白濤趕快脫稿的一句深刻的激勸的話；因爲我很知道有許多常讀報紙而不知報紙是什麼東西的人，都在那裏餓着候賑哩。——隔了一年，白濤這書還沒出版，我又笑着同他說：『新聞學的頭生兒眞難產啊！』那裏知道這書雖然是白濤的處女著作，而他却是不肯輕率地使它出去見人。他一定要叫我替他看一下子，對於這書出世，懷抱有無窮的願望的我，當然不便推辭，於是我就很熱心地把這部十來萬字的新聞學——中國新聞學的出生兒——從頭到尾，都看遍了。

在白濤的新聞學出版之前，曾有一本新聞學出世；但是我看那本書，總覺得不像個科學。後來——白濤的新聞學出版以後——接二連三地又有幾本不正不歪——四不像——的新聞學出現於中國的學術市場；——但無論如何總算有了幾本國產新聞學；而忍饑多年的一般不通外國文和通外國文而沒讀過外國文新聞學的人，也總算得着一點新鮮的食品了。——按正說：新聞學是可以促進報紙的改善的；誰知候了一年又一年：逐漸改善的，眞是等於麟鳳；不善的仍是不善。——就量上說，近幾年的報紙，也算增加得不少；但就質上說，我實在不能夠昧心地盲目地去恭維它們！——我爲什麼不能夠恭維它們呢？

報紙第一的要務，乃是明確地把新聞記事報告於讀者；而新聞記事的外表和內容，更須富於公正的，民衆的，教育的，藝術的，和現代生活的色澤：必定有這種記事，滿載於報紙上，這報紙才算善良的報紙。返觀我國大多數的報紙上的新聞記事，還是承襲着十七八世紀的東方御史的『有聞必錄』『言者無罪』的職典，殊俗：造謠也罷，杜撰也罷，模糊影響也罷，腐化汚濁也罷，個人陰私也罷，帝制符咒也罷，不管三七二十一地，把幾張潔白的紙，弄得烏烟瘴氣，怎配稱做新聞記事？

報紙所以能夠指導輿論代表民意者，全賴論評；換言之，論評對於報紙，實負担着重大的責任。我國現在報紙上的論評，除少數又少數的幾個例外，大概以下列二類爲最多：第一是模棱：這一類的論評，往往出現於色彩不很濃厚的報紙上，立言不着實際，總想面面俱圓—像六十四面的美人又像閹然媚世的鄉原—在它的字裏行間，從來是認不出是非黑白的。這類論評，可以說是『模棱兩可』的論評，也可以說是『模棱無不可』的論評。第二就是拜金：這一類是宗旨原沒一定，誰拏錢便替誰說話；有時鑽到政客的大腿底下，就能夠不要事實，瞎拍亂吹，或和此政客的敵人，作無謂的爭論。——甚至於收受帝國主義者的賄賂，就專以詛咒中國的一切人事爲業務；初見好似言人所不敢言，實在這類消極而不負責任的—使讀者灰心短氣的—論評，對於社會一切事業，是只能使它破壞，墮落，不能使它建設，向上的。

廣告的勢力，差不多是與新聞記事並駕齊驅的。有少數的中國報紙，對於新聞記事，還知道負點責任。而對於廣告能負責任的，不但沒有一家，而且明明是毒物，是危險物，明明是欺騙的，誘惑的，明明是醜惡的，污穢的，明明是違反羣衆心理的，只要拿錢來，就替它登載，替它宣傳；至於那廣告登載後的影響如何，自然是不必管它了。——據說美國的報館，對於廣告，負有極大的責任：假如讀者因欺騙的廣告而受了欺騙，報館對於那個讀者，便要賠償損失：關於這一層，我不知其詳；但我想中國的所謂『大』報者，未必就一點也不知道吧？——我以爲因看廣告而受損害的人，是應該向報館要求賠償的！

『新聞政策』自被帝國主義者用作宣傳主義，掩護罪惡，兼破壞攻擊對手國以來，已收得極大的效果；對於民族不振作，輿論不健全的國家，它的效力，尤爲顯著：或辦大通信社，以壟斷操縱萬流的言論之源；或辦日報雜誌，用作『旦旦而伐』，『不舍晝夜』的工具；或於對手國內用對手國的文字和對手國的人，來辦通信社和日報雜誌，而爲更進一步的迷惑掩護的手段；或收買對手國現成的通信社和日報雜誌以破壞對手國的記者道德，輿論範疇，而作鬼蜮的借刀殺人的勾當；它的惡辣，陰毒，猛烈，……但就我國二十年來身受的創痕，略一回顧，眞要使見者慘目，聞者酸鼻了。假如把這創痕當作一種價值，來估量一下，我敢自信地說：比庚子賠款還值得多！可憐的蒙昧的中國的新聞記者，到現在還聽着這些毒物，在我們的堂奧間，盤踞橫行，甚而還甘心地拋棄天良，替它做宣傳，掩護，破壞，攻擊……的工具。可憐的蒙昧的中國的新聞讀者，到現在還不明白這種毒物是藉宣傳來破壞我，攻擊我……的；甚且把它購置案頭奉爲輿論之母：這種記者和讀者，眞算是不怕狼的蠢羊：要想不給狼做食品，怕是不能倖免的吧！——寫到這裏，我便想起『五卅』乃至其它類似『五卅』的事件了！

眞對不起中國新聞界的諸君：我說了許多不大好聽的話；但是我的良心對諸君不能恭維，我又怎敢爲虛僞的恭維？何况咱們都是自己一家人？——雖然，我對於中國的新聞事業，絕望了嗎？不！我不但沒有絕望，並且懷着無限的希望；現在簡單地把我的希望寫到下面。——第一：我希望新聞學研究者，今後更要繼續地努力工作，趕快把新聞學這個科學的旗幟豎起來，鑼鼓打起來，以啓發一般人對於這個科學的興趣。——第二：我希望從事新聞教育者，把新聞學這個科學，至少也和別種科學一樣地看重它。具體言之，必須拿辦理工科的精神和設備經費去辦新聞科，那末，這新聞科才算現代的新聞科。倘若敷衍，潦草像如今的新聞科或報學科那樣，請兩個似是而非的新聞學『教授』，『編』些似是而非的新聞學『講義』。這種辦法，簡直是誤人子弟的辦法，簡直是吸收學生的父母的血汗換來的子弟學金的辦法！既不配稱爲『學』，更說不到『科』上。這樣的新聞科，實在有害無益，倒是不如取消了，聽學生自由地去買兩本專家著述的新聞學，不過破費一兩天功夫，就可以畢事，同時可以省却他們多少日月和多少金錢，來得有意思！——在現代中國，要想辦完善的新聞科，人才一定不夠用，我以爲這是不妨借才異地的。——第三：我希望現代中國的新聞記者，要把新聞記者這種職務，當作高尚的，有趣的，專門的，永續的職務去幹；同時，把現代的新聞學，澈底地研究一番。諸君既有相當的專門學識，則諸君的地位，自然可以得到穩固的保障；老實說一句，諸君的飯碗，是不容易打破的。——最後我希望經營新聞事業的諸君，要徹底地覺悟：現代最進步的報紙，是沒有不注重營業的。只要照最新的經營方法去辦，自然能夠立作强固的經濟的基礎，——關於這一層，英美實例很多，不難一查便知。倘若不注重營業，仍靠『津貼』或賄賂以爲生涯，我敢斷言諸君的事業，是萬不能得着永久的繁榮的，何況還有人格問題？

* * * *

最後再附加兩句：關於帝國主義者的新聞政策的問題——要想置中國國家乃至中國民族於萬劫不復的境地的問題——我曾於『五四』『六三』運動之間，代表留日的一部分學界歸國，路過上海時，草最毒之日貨一文，發表於各報；後來又在拙著東遊揮汗錄中，痛論此事！

王拱璧 一九二六年，六月，寫於西湖。

濤註：此文原係拱璧為這書的再版而作的；但他作成的時候，這書的再版業已印出，遂致延到三版的今日才刊出來。又，原文很長；而且有許多地方，我認為不宜在書冊上宣布，所以只好暫時刪去；這一層我想拱璧是沒有什麼不願意的。

一九二八年，五月，在上海。

再版的話

受過多少悶氣，經過多少難關，方才出現於中國學術界的這本小書——應用新聞學——到了一九二六年的夏天，遇着再版的機會了；它是已經得着無數的知好同志了：在這個當兒，我對於它的無數的知好同志——即我的知好同志——確有說幾句話的必要。

在這書脫稿乃至大様完成之後，我都向所謂大書館或大書局者，直接或間接地問過津，可是得到的回敬，却是一様味道的閉門羹。——我於是做了好幾年的發行者，因爲我自問並且自信這書頗值得一出，無論效果如何，決不致貽欺人欺己之誚的緣故。——我終以別種工作的纏身，遂把這書的發行事務，於一九二五年的秋末，完全委諸亞東圖書館了。——亞東方面在從前我並沒有問過，可是他們實實在在歡喜這本小書；我也看他們對社會的信用很好，印校一切，更是異常謹慎，絕不苟且，所以把發行權讓給它。

這書交了亞東發行，不多幾時，就得到他們要再版的急報了。我還沒有說了一聲「訂正……」，馬上他們便給我一個「……難以應市……」的堅決的回答。其實我所說的訂正，不過是取消兩個勘誤表，再稍微更改幾處而已。這並非是我懶惰，因為我在初版之前，就抱定「再版不訂正」的宗旨，所以一而再、再而三，（？）而四地改換原稿以後，又用西湖的水，好好地把它洗浴了一下，這才准它出去見人哩。另外我的「再版不訂正」的理由，在致吾友某君的信中，可以看出。那信中的一段是：「在古來活版印刷術沒發明的時候，印一部書，很不容易；因此著書的人，也就得着機會，慢慢地去改造他的書；因此古來的名著，大都是學者的終身事業，他們往往只期望他們身後的人讀他們的書，決乎沒有「再版訂正」的譚想。到了印刷術發達的今日，無中無外的學者——尤其是著作專家——都免不了急功好利，濫造粗製的毛病；因此這「再版訂正」，便成著作家們的通有心理和專用熟語了。我想這也是物質文明的缺點，倒不如印刷艱難的古代，出書雖然不易，而一般讀書的人，却不致妄費精神之為愈。我對於這書，就是守着「再版不訂正」的主義，免得迷人惑己。」

固然任何學術——不要說方在發育成長時期的新聞學——都是常常變化改進的。只是這幾年來，我看這門學問，似乎沒有什麼大的變化，尤其是同國的同志的新著，不但絕少新識，並且幾乎爭着拿我這本小書做底本，甚至於把我這個不十分妥當的書名，也借用了去——最不客氣的，要數一位「留美專攻新聞學[1]」的先生的「本其研究所得而作[2]」的大著了；據李氏治先生的查攷[3]，以及我的確切的估計，那位「留美」先生的大著，若實採用——「採用」是我對他用的極客氣的字眼——我這本小書百分之七十以上，而且一處一處，他都加了些跋語式的蛇足，對於我書的所述，簡直是無條件地贊同——呵——好難得的一位同志呵！——萬想不到這本小書，竟得着「留美」先生的照顧；可是我實在當不起——我也敢說中國的新聞學界當不起——這樣的照顧。——最使我失望而且吃驚的：美國原是現代最進步的新聞學的本鄉本土，這位先生既然在那裏「攻」過新聞學；而到中國，怎麼不向幼稚的中國新聞學界，供獻一些食糧，偏來照顧我這本貧弱的小書呢？難道在許多的美國新聞學中，竟找不出比我這本小書完善的新聞學嗎？

閑可少敘。知說這書的再版，是「訂正」了；但是訂正的程度，確實極低，就是前邊所說的「取消兩個勘誤表，再稍微更改幾處」罷了。不過這本書的最大目的，當然是在改善與我們休戚相關的中國的新聞事業；可是照這麼說，它便呈出一個最大缺點，就是對於與我們休戚相關的中國的新聞事業，說的未免過少。還有一個缺點，乃是關於一般的新聞事業的經營上的種種設施，種種計畫，以及種種隨時隨地的社外活動，更是鮮少述說。前者是因爲「從反面映出中國報界的劣點」的旨趣（見頁四）所限；後者確是初版時受了物質的拘束，不敢增加頁數之所致。——觀察這幾年的中國新聞界的狀況，實在使我們研究新聞學的，不能再守沈默的態度。但若是本着這種方針，來訂正這書，是爲事實所不許，又況這書既有其特具的性質，尤無須改弦而更張；所以要想補足上述的兩點，勢非另起爐竈不可。既承諸君的厚愛，不久我當把這個爐竈築起來；牠的預備工作，我老早就着手了；請諸君等着看『中國新聞學社叢書之幾』吧。——假如有人願做這種工作，或是已經做了，沒有受主——遭遇了像這書出版以前的我的運命——我情願給與他以儘量的助力，好叫他的事業快些完成。

講起中國新聞學社來了：曾有不少的同志，來信打聽學社的內容，並且問還有什麼書。——這個學社是個人研究所的性質，不是公共的團結；因爲我相信研究一種學問，要想得點眞實的成效，是必須全靠少數人——尤其是個人——的努力的。只是這個『中國……』的名目，很不像個人研究所，我本有意改成『某某新聞學研究所』，後來爲省却許多手續起見，決照原樣，不去改牠了。——因爲要避免空談的毛病，所以把『出版』當作學社唯一的——也可以說是生命的——事業；所以這書的再版，我把牠作爲『中國新聞學社叢書之一』了。——學社的性質，雖是個人研究所，但決沒有不歡迎同志加入之理；不過歡迎的是眞正同志就是了。對於加入學社的同志，我以純粹的友誼待遇之；除了彼此之間，隨時研究討論關於新聞學的事情、或是他有書交我社發刊——此項另訂簡則——之外，並無什麼別種權利義務的藩籬。——在這種唯物的世界，辦一種事業，自然要相當的代價；但爲維持學問的獨立起見，絕對不承受任何方面的唯物的援助。——爲培養性靈的源泉，排除黨伐的積習起見，絕對不參加任何黨派。——對於上述的趣旨，倘有疑念；或是想藉新聞學做其重工具的人，我是不歡迎他入社的。

話又入岐路了。——參照以上所說，綜合地考察一下，這本書的出版，在今日以前，可算是成功呢？算是失敗呢？思索力稍淺的人，我知道他對於這個問題，定然要說「成功」；可是他絕不知道是失敗——換一句話，叫我失望。我的初版自序的末句，不是說「今後唯一之希望，是在大雅宏達之教誨」嗎？自出版到如今，不是已經有三幾年了嗎？怎麼這三幾年的中國新聞學界的狀況——尤其是這本小書的遭遇——竟是如上述那樣的精呢？——我這本小書的內容，不過是摭拾些他邦學者的所說，參加些個人的所見，結構上雖然自信沒有什麼大差，可是決不能就把牠看成經典；何況裏面還有前邊說過的兩大缺點？所以那句「今後唯一之希望，是在大雅宏達之教誨」，並非謙虛之話，實係由衷之言。——呵！所得的結果，竟如前述！不是叫我大大失望嗎？不是失敗了嗎？——照這個論理推斷下去：難怪中國的一切事業，樣樣都落人後了；——難怪中國的民治的進路，不會上軌道了；——難怪中國的所謂報紙和記者，其大多數盡成帝國主義者的喉舌和傭人了；——難怪常在愛爾蘭乃至三韓各地潑出的鮮血，頻頻又頻頻地移染到東亞大陸了；——難怪……。——我甚希望到了這書的三版或四，五，六……版的時候：中國的新聞事業已經不是照舊樣地萎靡；——中國的民治的進路，上了軌道；——大多數的做帝國主義者的喉舌和傭人的所謂報紙和記者，減至零點；——把東亞大陸的乾淨土上沾染的愛爾蘭式和三韓式的血跡，洗得一點不留，使我們的全民族乃至全世界的人類，同進入自由平和的境域！

1　這是商務的出版廣告的措辭。

2　仝上。

3　詳見現代評論第二十五期，李民治先生作的出版界的怪事。

4　那位先生，着實有點好像發狂：他連我那篇平淡之極的自序，也照顧到了。至於錯誤之處，更觸目皆是。我的朋友張蓬仙先生從北京來信，說他對他主任的新聞科的學生，把那位先生的高姓大名，改作「武抄」；——他信中還有「後學不知魚目真可混珠——的一句沈痛話！——弄成這種樣子，我如何能夠不嚇！——我如何能夠當得住別人嚇！——會逢其適地遇着可以說是我這本書的愛人的胡適之先生了；——他老早就從現代評論上得悉這件「怪事」了；——他對商務的王雲五先生說了；王先生便答應「……停止重印……紙版……銷毀……」了；於是正在發育成長時期的中國新舊學界生出的一個小瘤，算割去了！

白濤 一九二六年五月，在西湖，寶石山。

三版的話

第二版的發行又兩年了；似乎又該訂正了。

這回訂正的利害的，要算『女記者』一節了——差不多把從前的主張根本推翻了。——我以爲研究學問的一個要點，是在每經過一時期，便應該認眞地把前人—尤其是自己—所說的話的價值，重新估定一番；這裏頭又有一個要點，就是估定價値，當用眞理做工具，不當以『時宜』做工具：我相信我是嚴守着這種法則的。——就根本上說，『女記者』這個名詞，是沒意味的，不通的；但因爲現代是男性本位之世界，一切皆屬於男性，偶有與男性本位相反的事件發生，便要在它的上頭加個『女』字做冠詞，——如『女學生』『女議員』『女士』之類。我這囘本想把『女記者』這個陳腐的語句刪掉，但後來又想着在這個男性本位的社會沒有澈底改造之前，也有讓它暫時存在的必要。

☆

其次的訂正的部分，乃是關於帝國主義者——尤其是日帝國主義者——的毒惡的宣傳政策的事情；但這在實質上也不算什麼『訂正』：不過把原有的文句更弄深刻一點，並且加上幾個必須要加，而爲以前本書所不曾使用的驚歎符號，好叫靈性痲痹了的一班新聞記者，以及被這班新聞記者弄的靈性痲痹，遂致失去辨別是非黑白的能力的一班人士知道這種宣傳政策的毒惡的程度和本書的著者對它的深惡痛絕的態度！——關於日帝國主義者的宣傳政策——即新聞政策——的利害，兇惡，我的朋友王拱璧已經說過，我現在可以不來多贅；但其實關於這個重要的事情，我所蒐集的材料，老早就夠大部頭的專書使用了，也決不是三頁兩面所能寫得完的。只是我在這裏要簡單地先說兩句：拱璧說這對於中國是個比庚子賠款還大的『創痕』，的係確當的話；我以為聽憑帝國主義者自由地在中國的廣大的境域裏，藉有線——尤其是無線——的電報，撒布侵略，挑撥，搗亂，誹謗，種種無謠不造，無奇不有的新聞通信，這是比聽憑帝國主義者自由地在中國的許多的河流裏航行他們橫擣直衝的兵艦還要利害百倍也不止的事情！再爽快點說：這是與不平等條約一樣地必須趕緊把它廢棄的事情！

另外訂正的，都是瑣碎的部分。

※

默察中國現在的報紙的幼稚狀態，這書的大改版的時期，至近當在二十年後；但我很願望這個時期之提前來到；尤其願望到那時候，使這書中說的，盡成廢話，改不成版，只有停止發行之一法！

※

有些朋友疑惑我近年因爲出些別種的書，遂把新聞學的研究工作捨棄了，這是大大的誤解：我對於新聞學，可以說無時無刻不在研究中，不過我不願輕易地，草率地，發表未成熟的關於個人研究的東西就是了。——在最近的將來，我是要做點文藝的工作的，一時還沒有功夫來整理我所積存的關於新聞學的資料，這也是我已經定好的工作順序，在事實上是難以更改的。

白濤

一九二八年，五月，在上海。

目次

引論……一

第一編　總論……五

第一章　新聞事業與新聞記者……五

第一節　新聞事業之特質……五

公共的——人類的——教育的——藝術的

第二節　新聞記者之地位……一〇

記者地位之消長

第三節　新聞記者之資格及修養……一三

健全的常識——剛健的意志

第四節　女記者……一六

女記者之需要

第二章 新聞社之組織及報紙之製作……一九
第一節 新聞社之組織……一九
普通的區別
第二節 報紙之製作……二一
製作之速度與手續
第二編 蒐材……二三
第一章 概說……二三
本編之要旨——直接蒐材之任者
第二章 新聞之定義及價值……二七
第一節 新聞之定義……二七
何爲新聞
第二節 新聞之價值……二八
新聞價值之判定及標準——價值減殺之新聞

第三章　新聞之蒐集……三八
第一節　訪事員之用意及準備……三八
訪事員之用意——訪事員之準備
第二節　訪問……四五
訪問之二種——訪問八要則
第四章　實際上之訪事職務……五四
第一節　敘述與探偵……五四
敘述與探偵之區別
第二節　各類事件調查之要點……五五
會——式——變事——警察事故——雜
第三編　製稿……七一
第一章　概說……七一
本編之要旨——一般之注意——製稿之責任者

第二章　文稿之實地製作……七三
第一節　論說文……七三
論說與報紙之關係——論說製作之要訣——論說之署名問題
第二節　敘事文……八一
敘事文製作之總要則——敘事文之作法及類別
第三節　特殊文……一〇二
特殊文之性質及其種類——特殊文製作之要則
第四節　趣味文……一一一
趣味文之性質及其種類——趣味文之體裁
第四編　編輯……一一三
第一章　概說……一一四
編輯部與報社之關係——本編之要旨
第二章　編輯部之組織……一一五

第一節　日本報社之編輯部……一二五
主要之幹部——幹部之解剖——硬軟分派之弊害
第二節　美國報社之編輯部……一二六
一般的組織——紐約之某大報社
第三節　我國報社之編輯部……一三〇
第三章　編輯部之蒐材……一三一
第一節　材料之來源……一三三
東西報社之實例
第二節　製造電報之弊害……一四三
奇怪的我國報社之造電
第四章　編輯上之實務……一四四
第一節　原稿之整理……一四四
原稿整理之主要條件
第二節　標題……一四六

標題之性質及目的——標題之種類及形式——側標題與本標題之關係——標題之文體
第三節 新聞材料之排列與組版……一五四
基本要則——材料之排列——組版
附編 歐美報紙史略……一六一
第一章 概說……一六三
第一節 起原……一六三
羅馬之公報——報紙之始祖
第二節 報紙文字之經過及現狀……一六四
英國及美國
第三節 近世之印刷及通信事業……一六六
輪轉印刷機之發明——歐美之大通信社——其他之大通信社及通信同盟
第四節 軍事通信員……一七一
戰爭與報紙——最初最大之軍事通信員——軍事通信員之活動及電報
第五節 英國式之影響及最近發達之特徵……一七六

美國式之影響——最近發達之特徵
第二章　英吉利……一八〇
第一節　倫敦最初之報紙……一八〇
德利科朗特——德弗嘔斯列比西
第二節　報紙印花稅……一八一
印花稅之興廢
第三節　現時倫敦之報紙……一八三
倫敦毛玲波斯特——倫敦泰晤士——倫敦德利紐斯——倫敦德利德勒克拉夫——倫敦德利美爾
第四節　英國報界之現勢……一八七
泰晤士之變革與諾斯克利夫
第三章　法蘭西……一九〇
第一節　新聞業勃興之由來……一九〇
由抑壓而自由

第二節 巴黎重要之報紙……一九〇
瑪丹——德巴——路丹——弗易加路——鳩象谷及巴黎機安
第三節 法國報紙之特質……一九二
非職業的——美術的文學的——將來之趨勢
第四章 美利堅……一九四
第一節 美國報紙發展之經過……一九四
日刊之起原——報紙獨立時代——美國人與報紙——今昔之比較
第二節 紐約之大報……一九五
紐約赫爾德——紐約威爾德——紐約亞美利加——紐約晉——紐約泰晤士——紐約托利賓
第三節 當今之美國報界……一九八
新聞王哈斯特——最近之狀況
餘錄……二〇一
世界的新聞學……二〇一

應用新聞學

任白濤 著

引論

報紙之威力

距今百五十年前、英吉利政治家巴克氏、於議會遙指新聞記者席而呼曰、『彼處有憲法上第四之威力』者英國憲法、執行國家最高政務之三要素、爲皇室、政府、議會、巴氏蓋以新聞記者在憲法上雖未明定其權限、實則具有憲法上之一威力者也。夫報紙之威力、既於君權方盛、議會萬能之十八世紀之英國、博如斯之定評。若民主思潮澎湃衝激之二十世紀之報紙、於重大威力之上、更加重大之使命焉、概可知矣。世人又有謂假令孟德斯鳩生於今日、決不僅唱三權分立之學說、良以監視三權、俾不隕越、而對於凡百社會之向上發展、又復丁寧懇切、指導誘掖、以操持思想界之主權者、固有赫赫之報紙在也。要而言之、報紙者、近世文明產出之原動力也。報紙之發達、與世界文明之發達、爲正比例。但就一國家而論、內治無報紙爲前導、則修明無望、外交無報紙爲後盾、則優勝難期。故報紙威力之雄偉堂皇、殆有非專制君主之壓力、萬靈宗教之神力、以及披靡金湯之礮火、網維乾坤之電氣、所可相提並論者矣。

民主政治與報紙

民本政治、勝於官僚政治者、要在不以少數私人決國事、而以公衆輿論決國事。健全輿論之造成、民治國人民之責任也。以輿論而行國家之政治、民治國人民之權利也。苟無報紙爲之提示、倡導、則焉能造成健全之輿論、又何由得預國家之政治。故民治國家之報紙、實造成輿論之冶金爐、而運用政治之推進機也。雖然、縱有報紙而不良、則健全之輿論仍難造成、斯政治即不免爲少數梟雄所左右、其弊害較官僚政治爲尤甚。今日我國、果達如何之境遇耶。

新聞記者養成之必要

欲得眞正優秀之民本政治、必先求眞正優秀之報紙、此無論何人亦不能否定之理由也。而欲得眞正優秀之報紙、尤不可不以得眞正優秀之新聞記者爲要圖。是新聞記者之養成、洵方今必不可緩之事業也。

新聞學之成立

學術昌明之現世、凡觸於吾人官能者、無一非研究之對象。故使命重大組織複雜之報紙、亦應人類之需要、及賢哲研究之結果、遂於科學位置中、特占一席焉。

歐美日本之記者養成機關及我國之窘狀

美利堅大學設新聞專科者、十有五所。英德法各國、亦概有相當之記者養成機關。即後進之日本、亦有三數大學、曾特加新聞學之課程、此外並有專門學會之探究、報紙雜誌之討論、日新月盛、非伊朝夕。返觀我國、關於報紙之系統的研究、既未前聞、即研究此道之出版物、亦寥寥可數。無怪彼帝國主義者竊我以新聞政策、神聖的報紙竟爲帝國主義者司宣傳、而以輿論代表自命之新聞記者被帝國主義者一再玩弄於股掌之上而不已也！

記者之失敗與成功

英國著名記者列特氏有言曰、『許多記者、因缺乏必要之教育與組織的練習而失敗、』此等事例、求諸我國報界、曷可勝述。故欲爲記者有成而不敗、則新聞學之研究、固不容一刻緩也。

新聞學之目的

雖然、新聞記者、社會各種職業中之最有權威者也、非博學多識、必不能勝任而快愉。新聞學不過揭出爲新聞記者之路徑及必要之技術已耳、於人生一切常識、實不能兼備並列。吾人如僅讀若干冊之新聞學、即遂以新聞記者自命、是又易視新聞事業者也。

新聞學之當研究者

研究新聞學者、不限於現操新聞事業者、及希望將來以新聞爲業者之範圍。新聞學者、實一種最名貴之應用科學也。狹義言之、乃治政治學、社會學、教育學及文學諸學者之必修學科。廣義言之、無論從事何種業務者、皆不可不具此知識也。

本書編製之順序及方針

研究新聞學、當從何處着手、何處踏脚。經營報紙、當取則何法。是爲讀者腦中應發生之問題、亦卽編者編製本書之順序及方針之問題也。前者、則本書之編製順序、說新聞事業之性質、新聞記者之地位、新聞社之組織等、是爲第一編、曰總論。說『新聞』之定義、價值與其蒐集方法等、是爲第二編、曰蒐材。說論評、記事、乃至特殊文字之如何調製、是爲第三編、曰製稿。說編輯部之構造、編輯部之蒐材、實務上之編輯等、是爲第四編、曰編輯。又無論研究何種事物、皆不可不明晰該項事物之來源及其變遷、因於卷尾殿以『歐美報紙史略』一篇。此本書編製順序之大略也。後者、則英美之報紙、爲現世代表的報紙、良堪作我之模範。而日本之報紙、就形式上言、亦多可取之點。故本書之取材、以英美爲主、以日本爲副。同時我報界之劣點、亦一一由反面映出、不言自明、其針鋒相對、不得不言者、自不能不言之。此本書編製方針之概要也。

第一編 總論

第一章 新聞事業與新聞記者

第一節 新聞事業之特質

社會之公共機關

公共的 新聞事業特質之第一應述者、則社會之公共機關是已。彼營利的或名譽的事業、祇計及少數人之利害榮辱。而新聞事業、則以大多數人之利害榮辱爲標準。主張則透明無色、態度則公平不偏、是爲經營新聞業者當守之要則、報紙之權威信用、皆視尊重此要則之程度爲差等。換言之、尊重公共特質之報紙、其聲價自益高大、若個人或一部分人的色彩濃厚、不惟其事業難得健實的發展、且爲社會所嫌棄。

與營利事業之區別

現代新聞社、取法股份公司組織者甚夥、似成營利事業之一種。然斷不可循營利公司之常軌。蓋營利公司、固非不計公衆之便宜、然要以極力圖營業之盈餘爲前提。而新聞事業、則絕對當以公衆爲本位。新聞社與公衆、雙方之關係、至爲密切。故社會利益發展之日、卽新聞事業成功之日、亦卽新聞權威發揚之日也。

報紙之功罪

報紙上之文字、論評、記載、無論矣。卽小說、雜俎、詩歌、繪畫等類、亦盡關社會事物之廻聲、皆與公衆之福利有至大之影響。故利用報紙、以冀滿足少數人之企圖者、是破壞公衆福利、而造成一種社會的罪惡者也。經營新聞事業者、苟無此自覺、則亦新聞事業之叛徒也。

迎合社會之結果

報紙固以僅博少數人之歡心爲當戒。而是否可專務迎合社會之所好、亦爲應熟考之問題。美國堪撒斯州立大學新聞學教授索露布氏、曾爲此問題致書全美之名記者、徵求意見。答者紛紛、無一以迎合社會所好爲然者。其持論最沈痛者、爲宗教家兼紐約『烏特爾克』雜誌主筆阿波特博士。其言略謂、世間有嗜好之人、故有賣醇酒者、有賣鴉片者、有營敗壞風俗之業者、以投其所好而利焉。迎合社會之報紙、與投人嗜好以爲利者、將毋同。又有論報紙迎合社會之結果、可譬諸酒肆之主人、無論如何供佳釀於社會、社會決不爲之建紀念碑、其立說尤爲奇闢。蓋眞理不滅、公道自在、好善惡惡、人之恆情。社會上健全份子、常占最後之勝利。故單純迎合社會之報紙、決不得永久之生存也。

社會之縮小圖畫活動寫眞

又報紙非專載全知全能者之言論者。彼實爲社會之縮小畫圖、活動寫眞。使人讀之、自能了然於社會生活之情狀、世界潮流之轉移、斯可謂達其公共的目的者矣。

現代報紙之絕大要素

人類的　報紙之公共的特質、既如右述。然就方今世局之實際上觀察之、其業務之開拓、似仍不可不以一國家或一民族爲目標。蓋國民之生命、財產、權利、名譽、尙視國家地位之昇降爲轉移也。故今之負邦家責任及抱社會的志望者、可藉他國之報紙、作考察之借鏡。一幅報紙、偶爾把玩、卽見其國民之思想、情感、湧現於字裏行間。然有一事、要注意者、所謂國家或民族的界域、於此後之某時期、必遭逢打破之運命是也。此界域今日之所以顯然存在者、以其中有許多老朽冥頑之政治家、苟延殘喘故耳。新時代之報紙經營者、宜高矚遠瞻、勿爲老朽冥頑之政治家所利用。申言之、認定一國家、或一民族、爲人類之一部。維護一國家或一民族之福利、同時更須顧及全人類之福利。其凡足爲吾人類福利之障礙者、皆當努力排除之、是又現代報紙中所應具之絕大要素也。

廣義的社會教育機關

教育的　處今之世、能日日告我以新事件、供我以新知識者、莫報紙若矣。吾人一日不讀報紙、斯一日與社會事情相隔離、卽一日遜於時代之進步。故報紙實爲廣義的社會教育機關、而其功効之神速、絕非學者之講述、政客之演說、宗教家之勸導、所能倣及者也。世之父兄、爲教育子弟、須納巨金於學校。而與學校目的相同之報紙、則可以銅幣數枚得之。不寧惟是、吾人自各種學校所獲之知識、不過人間知識極微之一部。欲覓一物、以補此缺陷、則舍報紙、其誰屬乎。由是言之、則報紙者、又學問之文庫、常識之課本也。

學問之文庫常識之課本

實用學問之種子

報紙之教育的功用、非專恃乎言論、批評。卽片片數行之記事中、亦含有多少之智識、可爲讀者新見聞、新觀察之資料。例如讀外國電報、則知世界之情勢。讀政治記事、則知政局之表裏。讀商況記事、則知經濟市場之動靜。讀市井雜報、則知百事作息之眞象。總報紙之全部、殆無一而非實用學問之種子也。

無報紙則如何

或問社會上苟無報紙、則吾人日日所接觸、所感覺、與夫研究、談論、果呈如何之現象乎。則應之曰、請君窒其耳、閉其目、卽知之矣。蓋報紙者、社會之耳目也。社會而無報紙、則成聾瞶之社會耳。彼漠視報紙之徒、殆與不解聾瞶之苦痛、而輕蔑自己之耳目者、無以異也。

較社會先一步

報紙既負有社會教育之重任、故其論評、記載、務以通俗為旨歸。其促進社會之遷善也、亦宜漸而不宜急。抑無論何種事業、太過乎社會程度、則難告成功。世運之進步、非將百步、五十步、一足飛渡、乃步步循序而進者也。故製作報紙妙諦、在使社會了解、即其見地只較社會先一步、示進步之方向於社會、夫然後始能滿足社會之需要、以盡其誘掖指導之責任也。

藝術的要素

藝術的　報紙上之文字、非僅為活字之行列。於材料之選擇、記事之標題、紙面之編輯、皆含有多量藝術的要素。

公報與報紙

試取公報與報紙比較對照、則公報不分問題之輕重、事件之繁簡、祇以依樣葫蘆之方法、記載之、編輯之已耳。若夫報紙、則能使職務旁午之讀者、隨手翻閱、一瞥標題、即可判別問題之意義、明悉事件之要領。蓋以報紙上、處處皆施有足以感動讀者之藝術故耳。

立體的觀察曲線的描寫

報紙對於社會之情狀、若單為平面的敍述、則決不能鞭入題裏、窮形盡象、以饜讀者之希望、必須為立體的觀察而後可。換言之、事物之來、不僅為直線的處理、宜爲曲線的描寫、是即藝術作用之極致也。

潛入人心陶冶感情

報紙更有一絕大作用、卽潛入人心陶冶情感是也。此種作用、能使吾人之心理感奮、默化、使吾人之情操、進於純正優美之域、同時亦能蠱惑羣衆、誘起不良之現象。前者、基於熱誠的愛羣觀念、及社會的同情。後者、則造孽之妖魔也。約言之、報紙、實備有造人第二天性之能力。然苟於報紙之形式及精神上、不施何等之藝術、則此能力之運用、斷難獲美滿之效果也。

最新最有興趣之二原質

報紙爲滿足人類共同的興趣起見、故傳播『最新』之事實。同時尤須注力於『最有興趣』之點。將『最新』與『最有興趣』之二原質、合蓄而調和之、亦藝術上重要之條件也。

藝術的技能之效果

新聞記事、因活字之種類、及揭載之場所、其印於讀者之腦蒂、實有深淺之差別。人縱不能一一舉讀、而遺去於重要地位、用特殊活字之問題者、殆甚少。此又於藝術的技能上所致之效果也。

第二節　新聞記者之地位

無冕之帝王社會之師表

記者地位之消長　『無冕之帝王』『社會之師表』等語、爲從來對於記者之尊稱。拿破崙以記者之筆、勝於三千毛瑟、更爲至有意味之喻言。彼所以享如是之隆譽、具如是之偉力者、以彼之背後、依彼毫端腕下而爲進退者、既不知有幾千百之人民、彼之褒貶、儼同史乘、且經幾千百年而不能磨滅者也。

純正無垢之自然人

新聞記者之生涯、要在捧忠實篤誠之肝膽於眞理、事實之前。其生命、其覺悟、其勇氣、其良心、其情感、悉爲眞理、事實所同化。故不可不排小我、拋小主觀、以服其任務。質言之、新聞記者必爲純正無垢之自然人、始克完成其光輝赫赫之天職。

社會之第三者

新聞記者更有一最要之自覺、則社會之第三者是也。彼但將應有之事實、觀察之、記載之批評之。彼之眼中、不許有敵我之區別。彼之心底、不許懷某種之成見。不問如何之時際、場所、其地位、態度、常爲超越的、獨立的、客觀的。質言之、新聞記者實爲冷靜愼重之社會檢察官、提出案件之材料於社會、是則其唯一之任務耳。

新聞社主與記者

新聞社主與社員之關係、與商店之於雇傭人、迥乎不同、而對於從事編撰之記者尤然。譬諸學校教師、固屬以金錢聘定者。若謂校長與教師有雇主與傭人之關係、恐夫亦必笑其謬、蓋就形式上言、雖爲主雇與被雇、而因其職務之性質、二者之關係、確有不可以概論者。新聞記者即恰如學校之教師、決非社主之傭人。除受相當俸給外、其地位、資格、及人格的權威、於社主之間、無些微之高下。有時其地位比較社主尚覺尊貴者、以社主祇爲一社之主宰、而未必能親執記者之業務故也。要之、記者服務於新聞社、須有鞏固之保障。否則恐俳優其人、屈曲其筆、而言論之聲價掃地矣。

地位之一崇一卑

新聞社對於新聞記者、當如何待遇、既述之矣。而新聞記者亦不可因受取俸給之關係、竟將寶貴之人格、售於新聞社。所有論評、記事、先經其觀察眼中檢定、更由其良知池中濾過、然後付梓行世、俾社會發生良好之反響、方爲無忝于厥職。若昧其觀察、欺其良知、則實操觚界之蟊賊、人間一種之燃犬而已矣。

第三節　新聞記者之資格及修養

記者成功之基礎

健全的常識　吾人當獻身社會時、無論從事何種業務、皆不可缺乏之健全之常識。而對於社會負指導誘掖責任之新聞記者之常識、更爲切要。彼特殊之專門家、往往有祇具備某種智能、而缺乏普通常識者、然亦不能不許其存在。惟新聞記者則絕對不許缺乏常識者充其職、是故新聞記者成功之基礎、在努力養成健全之常識。

高等常識

新聞記者必要之常識、比諸一般常識、尤當較高一等、卽於普通常識之上、又須有相當之素養。詳言之、新聞記者必有大學卒業程度之基本知識、更爲潛深之研鑽、明己國之情事、通世界之趨勢、庶幾可全其『無冕之帝王』『社會之師表』之責任。更退一步言之、新聞記者縱不必以極高深之專門知識立身、然無論何種學者之學說、悉不可不理解之、且能對之下明確的觀察、卽所謂高等之理解力是也。故新聞記者必要之常識、謂之高等常識。

眞正之能力

人恆以僅具筆墨之伎倆、或文學的才力、卽有新聞記者之資格者誤也。新聞記者之職務、決非弄墨舞文之徒所能稱。但能對於事實爲正確之觀察、明瞭之記述、公平之批評、則善矣、而尤以傳事實之『眞相』爲主眼。彼但恃文筆之才華、而儼然以新聞記者自命之時代、今已過去、其仍舊貫墨守者、我國而已。

有形的學問無形的學問

就有形的學問言、欲爲新聞記者、最小限度、卽不可無前述大學卒業程度之學力。而並無何種形體之學問、若世間實際之事理、更爲可貴、然此非經若干之年月、嘗許多之艱辛、不能得之、卽所謂經驗是也。必學業與經驗兼備、然後方可稱爲優秀之記者。

起臥於報紙上食墨汁

『紐約託利賓』報主筆古利勒氏曰、『眞正之新聞記者、當由少年時代、起臥於報紙之上、食墨汁。』此語已爲美國新聞社會奉作新聞記者修養之指針。蓋新聞記者最體貼之教育、爲社會教育、而報紙乃社會教育之絕好機關、已無待再事贅述矣。

外國文之素養

欲爲優秀之記者、至少須通一二種之外國文。英文、法文、德文、乃現代文明之鎖鑰、凡爲現代之人、皆應選擇而熟習之、新聞記者之需要、自不待言。若爲我國記者計、不可不學者、日文是已。我國今日、已成世界之中心舞台。而於此中心舞台、張牙伸爪、演劇較多、並懷抱種種之妄想者、日軍閥也。吾國民必欲一聆其腔調、察其隱微、求有介紹傳播此腔調此隱微之責任者、非新聞記者而誰耶。嚴格而論、在我國爲新聞記者而不解日文、謂其資格不完備、無不可也。

新聞記者之學問研究法

新聞記者之研究學問方法、與他種專門學者稍有不同。新聞記者之學問、決不可離乎『現在』及『實際』之二點。例如研究歷史、由古代及於中世、近世、普通之順序也。新聞記者當以現在爲出發點、而及於過去、漸次追源古代。卽非由原因至於結果、乃由結果溯及原因、同時更須注意於『將來』卽問題之開展是也。他如政治、外交之研究、尤應以現在情勢爲集中觀念。

時間空間之二概念

綜之、新聞記者必要之資格、就時間言之、第一、對於現在、須能理解迅速。第二、對於將來、須能觀察正確。第三、須熟諳最近過去之情事。就空間言之、於包羅萬象之宇宙中、能看出問題、並能注意面積廣闊之問題。必將此兩個概念、確實保持、則新聞記者之知識、庶可圓滿運用也。

意志力之作用

剛健的意志　新聞記者、因其職務之尊嚴、地位之崇高、故當具富貴不淫、貧賤不移、威武不屈之精神。筆可焚而事實不可改、身可殺而良心不可奪。若此浩然精神所賴以培養而保持者、剛健之意志力也。

新聞記者之敵人

新聞記者之理想、當沐化於美善二字之域、決不許稍涉黑暗齷齪之鄉。其步履偶一失足、即由九天而墜九淵。此危險之機會與惡魔、殆無時不追隨於彼之周圍。極言之、新聞記者之敵人、固不僅為社會之蠹寇、神奸。即於彼之自身、亦當念茲在茲、以自覺之刃、擬於喉間、以勵精其職務焉。

精神的報酬與賞罰

新聞記者所受之物質的報酬、殊有不若從事他種職業者。而他種職業所不能受之精神的報酬、新聞記者則獨享之、斯固爲新聞記者之所榮、亦卽新聞記者人格墮落之機之所伏也。彼意志力薄弱之記者、不知精神的報酬爲可貴、徒津津焉唯物質的報酬之是求。於是資本家、野心家、伺其弱點而餌以所欲者、以買其歡心、使曲其筆、作一己之企圖、是爲新聞記者通有之怪狀也。此種怪狀、縱於法律上倖免構成其罪名、而於道德審判之前、則決不容赦。卽其精神上必受自然之責罰、所謂良心之制裁是也。

眞正之新聞記者

要之、欲爲新聞記者、須積得多量之知識、尤不可無相當之修養。卽縱具淵博之學問、而無愛樂天下之抱負與毅力者、則新聞事業、終不許其從事、卽從事、亦難告厥成功也。

第四節　女記者

女記者之需要　與男記者執同一之業務、且於某範圍之活動、其功能常超乎男記者之

女記者之所由發達

上者、則女記者是已。某範圍之活動云者、如關於文學、美術、等類文字之述作、乃至家庭、婚姻等類事項之探索、男記者往往不若女記者成績之優良。因女記者之筆致多纖麗、觀察多明細、應接多親和故也。此現代新聞界女記者之所由日趨發達也。

最近二十年間之英美女記者

女記者最發達之邦、厥爲英美。彼地之報紙、多闢家庭欄、或於社內設婦女部、每日割若干而積之篇幅、專載女記者手出之論評記事。此等女記者、實爲家庭社會之益友、年少子弟之良師、且於他方面伸長其特殊之勢力焉。質言之、最近二十年間、英美新聞事業之進步、所得於女記者之力者、實不少也。

現代之女記者

新聞史家謂歐美女記者之濫觴、在『名人訪問』（詳見附編）肇端之後。於此有一應注意之事、即舊時女記者之訪問僅局於新聞社家庭部之範圍、及至現代——歐戰以後——彼等早已能冒風雪於深宵、作險阻之踽行、以從事百般社會之訪問、而與彼等之異性記者競勝矣。

女記者與現代報紙之關係

今之人對於婦女之爲新聞記者、尙頗有持懷疑之論者、然英美婦女業已獲得參政權。即數千年埋首黑暗深沈之域之我國女界、近亦漸放光明、女權之勃興、顯係時日之問題。一般婦女對於報紙之勢力、日益擴大、斯報紙上女界記事之需要、亦愈急切。以男記者處理女界之記事、非惟不能如女記者之親切有味、且往往持輕薄態度、致招女界之怨怒、貽新聞社以損失。由是論之、則女記者之需要、殆亦自然趨勢而不可遏者也。——但從根本上言之、『女記者』一語、實亦無存在之必要、特因現代爲男性本位之世界、故此種怪名稱、一時尚不易取消也。

第二章　新聞社之組織及報紙之製作

第一節　新聞社之組織

三大部

普通的區別　各國新聞社之組織、大致相同。惟篇幅有多寡、規模有廣狹、因之社員人數及其職務範圍等、亦自有差。故日重多版之大新聞社、不能不置種種之記者及通信員。而小新聞社、則常以一人而兼理數職。然其普通組織之區分、不外編輯、印刷、營業三大部。

一、編輯部

編輯部爲一社之頭腦、部中更分別部門、置主任、以專責成。部門之分法、隨社而定。歐美新聞社編輯部之組織、大抵分作二部。(一)蒐集及編輯之部。(二)論評之部。第一部以報告各種事件於讀者爲目的。第二部以解釋重要事件、俾成議論之基礎爲目的。兩部各置一人以長之、其下更設若干小部、如通信部、調查部、外報部、寫真、繪畫等部是也。我國新聞社之編輯部內容、雖極幼稚、而其組織、頗多與歐美相類。日本則於第一部中、又分所謂『硬派』『軟派』之名目、前者、謂之政治經濟部、後者、謂之社會部。至載於紙上之文字、又有所謂一面、二面、三面、之類別。一面爲論評、二面爲政治經濟之記事、屬於硬派。三面則屬於軟派之社會雜事也。此種分法、驟觀之、似頗有意味。實則弊害甚多、後詳論之。

二、印刷部

印刷部中可分爲三部。(一)排字室。(二)鑄版室。(三)印刷室。歐美之排字室、則由一主任者、指揮技手、以運轉機械、排列活字。其機械之作用、係自動將活字組上者。若我國、則非用手組不可也。組版告竣、則移入鑄版室。亦由其主任、指揮職工、照組成之版、作爲紙模、再以紙模鑄成鉛版、交印刷室。最後乃以數臺至數十臺之輪轉印刷機械、遂爲可驚之迴轉。連屬於排字室者、尚有校正室。由校正長指揮多數之校正員、以正誤排之活字。我國之校正室、則多附於編輯部中。

三、營業部

營業部唯一之目的、在開發一社之利益。蓋現代新聞事業之經營、已成股份公司之一種、前章曾述及之。故營業部必須竭全力、闢銷場、招廣告、同時當籌備製作報紙必要之費用。營業部如不發達、則新聞社斷難望其常存。彼不注重營業、而尚能支持生活者、必非正當之報紙、可斷言矣。

營業部之構成、美國則設部長一、屬於其下者、(一)販賣主任。(二)廣告主任。(三)會計主任。販賣主任直接指揮發送系、勸讀系、及其他之事務員、司賬員等。廣告主任之下、有勸誘廣告之外交員、廣告欄編輯員、及事務員、司賬員等。會計主任所屬之人員、純粹爲司賬者、及其助手。

第二節　報紙之製作

發刊之時間與版數

製作之速度與手續　報紙之製作、但就日刊而論。有專爲朝刊者。有專爲夕刊者。有朝夕並出者。我國大都一日一版。歐美則一日恆四版、五版乃至十餘版。每版內容各異、即送讀者案頭前一小時發生之事、亦能拙而出之。且有『市內版』與『地方版』之區別。

製出之速度

〔三〕歐美大都會發行之日刊報紙、一份之字數、除廣告外、平均六萬乃至八萬、與普通中型版書籍換算、實有二百餘頁之多。然二百餘頁書籍之完成、至速亦須數星期。一份報紙、不過十數小時、即製作終了。其製作之速度、詎不可驚耶。

製作之手續

報紙製作之手續、一曰蒐集。二曰執筆。三曰整理。四曰印刷。第一、爲材料之蒐集。即由國內外傳來之電報、通信員通信社之通信、交換報紙之剪裁等、其最重要者、爲己社社員自行奔走所得之材料。第二、爲文稿之製作。除論評記者之論評、及特派常駐他所通信員之通信外、其經訪事員、或通信社集來之材料、必再别以取舍、施以調製。第三、爲紙面之編輯。即總括製成之文稿、審輕重、附標題、指定活字之種類、及揭載之地位等。最後乃付諸印刷。復經數番手續、而爲社會耳目之報紙遂出現。綜之、由讀者方面所見之報社、有二十四小時之猶豫。而在報社內、實無瞬刻之暇隙也。

本章僅略舉新聞社之組織、及報紙製作程序之概要。欲聞其詳、請讀下列數編。

第二編　蒐材

第一章　概說

關於新聞之三問題

本編之要旨　報紙上之必不可缺者『新聞』(News)也。而有下列三問題發生、卽何爲『新聞』『新聞』由何而得。以何種形式報告『新聞』於讀者。第一、爲『新聞』之定義及其價値標準之問題。第二、爲蒐集『新聞』之方法問題。第三、乃關於『新聞』之製作及報紙上組織之問題。第三問題、當分述於後之兩編。本編所研究者、第一第二之問題也。然蒐材問題、可區作兩部分、一部分屬諸訪事員、通信員、一部分屬諸編輯部員。後者、因便宜亦於第四編中述之。

訪事員

直接當蒐材之任者　直接當蒐集新聞材料之任者、爲『訪事員』此外則有『通信員』『通信社』等。『訪事員』卽英語之 Reporter。日本譯作『外勤員』亦有呼『外交員』者。我國多稱『訪員』或『訪事員』就其性質上言之、實以『訪事員』之名稱爲確當也。

訪事員職任之區別

『訪事員』之職任、大致可分爲『常務訪事』(Regular assignment)及『特務訪事』(Special assignment)兩種。『常務訪事』者、担任一定方面事務之『訪事員』也。姑以北京例之、其重要處所、第一、府院及各部。第二、參衆兩院。第三、市政公所、京兆尹署、警察廳、各警察署。第四、審檢廳、監獄。第五、各政黨本部。第六、總商會、交易所、銀行、公司。第七、主要之學校、病院、旅館。第八、各劇場、及其他娛樂機關。至其蒐材之範圍、各方面廣大無涯。例如其所担任者爲財政部、則近頃有無借債之形跡。來年度之預算、何日發表。部中人員變動之預兆。須銳敏觀察、早作準備。若總長、司長更易、則應詳記更易之原因、新任之經歷等。倘借外債、則其實在之用途、及於金融界之影響如何。他若關稅之改正、釐金之撤除、鹽務之發展、幣制之整理等問題、殊不遑屈指計、皆負『常務訪事』之責者、所應一一刮目聳耳勿使脫漏者也。『特務訪事』者、對於某事件、臨時特派之『訪事員』也。惟一般新聞社、多不別置此種訪事專員、大抵因事件之性質、而令其方面之常務員當之、又隨事件程度、而定其人數焉。至關於『訪事員』之用意及準備、則於後述之。

通信員之種類

『通信員』亦有種種、由本社特派於一定處所者、謂之『特派通信員』與其處有相當地位之人、特立契約者、謂之『特約通信員』或『囑托通信員』此皆常置性質。又派往戰地者、謂之『軍事通信員』乃一種之特殊通信員。此外尚有『自由通信員』歐美俗呼爲『弗利蘭斯』(Free lance)乃不專屬一社、而以自由蒐集新聞材料求價而沽爲職者也。在昔英國以一行一辨士爲率、有『辨士阿拉伊那』(Penny-a-liner) 之稱。『弗利蘭斯』記者中、頗不乏名人、如先年敍勳之『倫敦德利紐斯』報主筆黎西等、即於社務之暇、兼業『弗利蘭斯』售通信於地方新聞社。其他知名之從軍記者、戰時、專屬一社、戰訖、則爲『弗利蘭斯』者亦甚多。考『弗利蘭斯』之語原、爲中世歐洲一種之傭兵、嗣轉成好議論是非者之別名、含有多少輕侮意味。其後次第發達、乃漸失其輕侮之用意矣。『弗利蘭斯』之命名、雖不甚滿人意。然其發達、實爲新聞社及新聞記者一可慶之事。何則、由新聞社之方面言、既可與社員以刺激、使起奮勵之心、又可省却自社無用之手數、有時某種事件、且可全部托諸『弗利蘭斯』由新聞記者之方面言、既冠以『自由』(Free) 之名、則不致爲一社主義所壓迫、而枉屈其筆、甲社不可則就乙、乙社不可則就丙。其具相當手腕者、不迎新聞社之意旨、而新聞社且爭迎之焉。

通信社

與『通信員』執同等之業務、而爲獨立機關、供給多數新聞社以材料者、謂之『通信社』惟新聞社對於『通信社』之通信、不過認作材料之一種、仍須令『訪事員』訪其究竟、其詳細亦讓於第四編。又關於世界大通信之歷史、則於卷尾附編之『歐美報紙史略』中述之。

第二章　新聞之定義及價值

第一節　新聞之定義

美國記者之意見

何爲新聞　優秀之新聞記者、其識別『新聞』之能力、純屬天才。然若究明『新聞』果爲何物、不可無適當之定義。據美國一雜誌社徵求全美多數記者關於『新聞』之意見如次。

一、不傷善良趣味、或於法律上不至構成誹毀罪、而爲讀者所欲知之事、皆『新聞』也。

一、凡足寄人興味之事、皆『新聞』也。

一、凡人話題之事、皆爲『新聞』而足以釀成一種論議時、則其價值增大。

一、『新聞』者、以種種之發生、發見、與論議、及於讀者有興味之事件、正確而又迅速之報告也。

一、『新聞』者、與一般社會福利相關切之事件、又能引動個人興味、對於個人、足以當啓發指導之任者也。

一、『新聞』者、包括人類興味中所有之活動。而最良之『新聞』即可使最大多數之讀者、感其興味者也。

德教授最後之定義

此外尚有種種、然皆大同小異。美國威士干遜州立大學新聞科教授德列亞氏、綜合是等之意見、而下最後之定義曰。

『以適當機敏之方法、寄興味於多數之人者、『新聞』也。而與最大多數讀者以最大興味者、最良之「新聞」也。』

興味非墮落的

讀者幸勿誤會德氏所謂『興味』者、並非看『馬路電』『消閒錄』一流之墮落的、下等的興味。乃於人類之生活、有切己的利害關係之興味也。觀次節即明瞭矣。

第二節　新聞之價值

以新聞定義認新聞價值

新聞價值之判定及標準　明以上之定義、然後對於所有事件、則可將『此果爲適切之新聞乎』『當有幾許讀者對此而有興味乎』『能與最大興味於最大多數之讀者乎』等事、一一而考覈之、是爲『新聞價值』(News value)之問題。

新聞與舊聞

『新聞價值』之前提要件有三、卽『新』『速』『確』是已。此爲稍具新聞知識者之所知。後二者、誠千古不易之定論。至於『新』之一字、有時未必因之判定『新聞』之價值。卽其事若與時下問題相關切、縱極陳腐、亦有價值。例如、民七中日軍事協商條件發生。邦人所設之某通信社記此條件、同時、將日韓條約抄出。夫日韓條約之爲物、固徽菌累累者也。然比較對照、益足令讀者觸目驚心。卽以新事件爲中心、以引起與新事件有關之舊事件、新舊相映、益增讀者之興味。若夫故事遺聞、更屬報紙之良材、此爲別一問題、茲不岐述。

德列亞教授所示之價值標準

然則何種『新聞』有興味乎、則可一言以蔽之曰、凡可滿足吾人之希望、動起吾人之情感者、卽爲有興味之『新聞』茲將前記之德列亞教授所示之價值標準、摘要迻譯如次。

一、非常事

非常事、奇怪事、因其背離吾人生活之常態、故無論於何處發見、皆足惹人注意、動人興味。一般人之日常生活、循規導矩、以從事其業務、吾人對之、決不能動起何種興味。一旦其秩序破壞、或竟有何等之犧牲、是卽背離生活之常態、因背離之程度、而成極有興味之『新聞』例如、多數銀行員、皆能誠實服務、不成『新聞』也、其中突有一不誠實人出現、則成「新聞」矣。多數之火車、安抵目的地、不成「新聞」也、而一火車於中道衝突破壞、或因故遲到、則成「新聞」矣。故凡違反常律、破壞秩序之一切犯罪、或於活動社會之一切成功、失敗與夫突發、及反乎預期之事件、苟超乎普通水平線之上者、皆爲重要之「新聞。」優秀之記者、能於尋常事件中、看出異常之部分、特別加筆、以動讀者之感興。例如、大車與乳母車衝突、乳母車中之嬰兒連枕拋出而仍如原狀橫臥地上毫未受傷之事件、乍見之、固極尋常之事件、而由嬰兒既被拋出仍安臥地上之點觀察之、則極異常之事件也。若以滑稽之筆記之、不難成有興味之「新聞」又如、一盜入某家、盜去微物因而被捕之事件、甚無興味。若該盜係由破壞玻窗中半身伸出時被捕者、則有興味矣。又若該盜服基督教救世軍制服、或於盜出之物品、將聖書一卷反還、則愈有興味矣。其他概可類推。

二、競爭

世間各種競爭、皆爲興味之的。如政治之競爭、事業之競爭、遊戲之競爭、此等競爭皆自得勝利之慾望而發生、最足動吾人之情感者。故凡以勝利爲目的之競爭、其結果無不可成有興味之「新聞。」

三、人類的興味

人類的興味云者、乃我儕對於他人之行動、思想、感情等之興味、即人與人相結之同情心是也。例如、某人如何因新血精療法而得救之事件、較諸關於血精療法之論爭事件、易惹人以注意。北極探險者、將達北極艱難困苦之記事、大多數讀者、應與北極之發見、有同等之興味。同盟罷工者及其家族之實驗談、而於不知罷工惹起之經濟上事情、又對之絕不注意之多數讀者、則甚有興味。要之、事件之發生、縱令係個人的、且爲與我無關涉之人、而以人類的觀念、遂使吾儕寄多少之興味。倘事件如關乎其人之生命時、則熱感益增彼賣報者於街頭高呼『死者甚多！』因而賣却許多者、其理由卽基於此。由是而知同一事件、若具有關於多數人之程度者、則爲最有價值之『新聞』。

四、兒童之興味

關於兒童之『新聞』亦有特殊之價值。例如、一少女希望將被拘於市廳檻欄之愛犬放還、郵呈于市長之手書、可與面晤市長聆得明年度市政方針大要之事件、同時揭載。又兒童一旦作法廷之證人、爲傍聽者所注目、即成裁判記事之好材料。此不但爲事屬罕見、其主因起於吾人對於兒童之興味。故凡關於兒童之趣事趣談、無不堪作新聞材料。

五、動物之興味

吾人每於動物表現近乎人類之智慧或特有之性質時、必感多少之興味、而於記述此事之『新聞』興味自必更濃。故訪事員當材料缺乏時、動物園中、大有運筆之餘地也。(詳見第三編二章四節)

六、娛樂及嗜好之興味

衡量『新聞價值』時、對於讀者特種之嗜好及娛樂、亦爲最不可忽者。例如、競技、遊戲、觀覽之人、除抱勝負之興味外、對於競技者之技術上、亦可動起多量同好之觀念是也。而於娛樂事件、則素愛斯種娛樂者對之、亦極有興味。故凡關於世間所有之人類的嗜好及娛樂、自成一種有價值之『新聞』。

七、地方的興味

某地方人、對於某地方事有興味、而對於他地方之事件中與其地方有關係之部分、尤感興味、即『新聞』之興味、恆以事件發生場所與銷行場所之距離遠近而有差是已、距離也、斯興味淺。譬之、投石於池、生最大之波紋者、爲投石之場所、愈遠則波紋愈小矣。故對於事件之印象、自以在場或附近之人爲最強。隣近火災之『新聞、』雖係小火、比諸遠方都會全部燒失之『新聞、』尤爲熱心閱覽。某摩托車主、因超越規定速力被拘之『新聞、』其友人對之、較他處摩托車盜賊團被捕之『新聞』爲有價值、是謂之地方的興味。

編者按、現代文明國之報紙、於其發行地點、記載必詳。而郵送遠方者、更有所謂『地方版』或『地方附刊、』卽根據此原則者。

八、著名的興味

於讀者所親近之人物場所事件外、如社交界、實業界、乃至國家、世界之政治界、其中有名的人物、場所、及事物、讀者對之、亦甚有興味。試言人物、彼思慮淺之新聞記者、於人物記事中、往往濫用『有名的』或『偉人鉅子』或『妙齡之美人』等名目、殊不知其人苟眞有名、無須爲如是之紹介、僅舉其姓名足矣。卽關於人物之『新聞價值』與其人物之地位高下爲正比例。大統領候補者本身發生之小事、比諸國會議員本身發生之大事爲尤重。百萬貧產家女子之結婚談、當爲多數人所愛讀、反之、小雜貨店女子之結婚談、則除少數關係者外、恐無人顧及也。

著名場所、如各國著名的都會、商埠、及風景、或有關於聖賢豪傑之靈地、勝蹟、夙爲讀者所注意、卽對於其地發生之小事、亦可繫多大之興味。蓋因其場所之著名、乃將事件之價值增大也。

更言事物、卽有國家的性質之各種組織、如議會、學校、圖書館、救世軍、基督教青年會等名目、亦爲一般讀者所普知、故爲是等名目所包括之『新聞、』大足動人之興味。他如大洋航路之汽船、大公司之鐵道等、其名亦嘗附帶於『新聞價値』之上。

九、　家庭及職業之興味

興味固有種種、然使無論何人必繫最大之興味、則應無逾於家庭之幸福、及職業之繁榮者。蓋此類事件、縱如何平凡、而與人間交接、極親切也。凡百『新聞』之價值、大抵皆係於此。如股票經紀及投資者、則注意股票市場之記事。購物者及農民、則注意農產物與其市價之記事。不動產主及其代理人、則注意不動產之買賣及其抵押之記事。他若柴、米、油、鹽等品價値之漲落、不僅與販賣者有關係、實與一家之主人、主婦、大有關係。又如鐵道工竣之開車記事、則依其路線而可獲種種便利者、對之甚有興味。租稅法、郵務規則、裁判所之判決詞、與夫其他政治上經濟上之各種問題、苟與其家庭或職業相關時、鮮有不加注意者也。是故『新聞』之價值、尚須依其直接影響於讀者生活之程度範圍而定、影響之程度高、範圍廣、『新聞』之價值、乃益增大。

十、興味之結合

一事件而繫多種之興味者、是謂之興味之結合、乃最有價值之『新聞、』以其有惹起多數讀者之強大吸引力故也。例如、『打尼克』輪船之遭難事件、以大洋中最大之汽船、又係於處女航海之晴夜、以最大速力航行者、乃竟與冰山衝突沈沒、實非常事也。其最足惹人注意者、則此船有多數之乘客、且多爲名人也。若此等『新聞』一出、世界各國、無論何等階級之人、必以最大熱心而熟讀之。要之、興味之結合、乃興味程度之問題、評定『新聞價值』時、不可看過之重要問題也。

我新聞界這國覺

右說未必盡可作我國新聞記者選擇『新聞』之標準、然不能謂非優良之參攷資料也。且我國報紙及新聞記者、恆偏重政治方面、而輕忽社會方面、遂使報紙與吾人實際之生活、似毫不相關切者。讀德氏之論、可以醒矣。

價值減殺之新聞　於名畫之上、亂塗以墨、則價值喪盡矣、卽不然、亦必貶其所值、請本斯理、以舉減殺『新聞價值』之條件。

減殺新聞價值之條件

一、含詐欺性的廣告臭味者

世有黠者、以絕類良好之『新聞、』投於新聞社、藉作其商品或事業之廣告者。例如、女優遺失貴重寶石之記事、由表面觀之、固一平凡事、實則寶石並未遺失、乃女優之廣告耳。此種記事、歐美新聞界稱之爲『Plant』編輯長眼光銳敏者、一瞥之下、眞僞立判、其眼光稍鈍者、輒不免爲若輩所蒙蔽、而讀者因亦受欺矣。故路透社曾對其通信員、以勿採用廣告的記事爲訓戒。所謂廣告者、並不限於商品。如學者、醫士、以其聲名爲廣告。文人、畫家、以其作物爲廣告。教育家以學校爲廣告。軍事家以戰功爲廣告。政治家以治績爲廣告之類。如何之好材料、苟含廣告的臭味、其價值卽不能無所折扣、蓋必嚴施筆削、方可登錄。若其全部以詐欺的廣告爲目的者、則字紙簍中之物耳。是以新聞記者、當衡量『新聞價值』之際、須於此點倍加用心也。

二、涉及個人之隱私者

報紙之特質、在萬事公開。若無關羣衆之事件、如涉及個人隱私之類、則不宜公開、此非善惡之問題、乃公私之問題。故凡關係個人私事、無論善惡、皆無『新聞價值。』而妄揭個人私事於公開之報紙、如其爲惡、則當受法律及良心之制裁。卽令非惡、而其事旣與羣衆無涉、羣衆對之、自不感何等之興味、更無公開之必要矣。

三、背乎善良之風俗者

卑猥、殘忍、或與人以大不快之感、及其他背乎善良風俗等事、皆無『新聞價值。』登載卑猥之事、各國法律、大抵皆懸爲例禁。殘忍不快諸事、則新聞社當自加制裁。蓋指導社會、化成民俗、乃新聞記者之天職、斷不可取媚一二惡劣讀者、以自貶其價值也。

我國報紙、有以靑樓褻事、充塞篇幅。甚至故造種種記事、以毀譽爲敲詐欺騙之術。不惟足以助長惡濁之風俗、且令有眞價值之記事、於無形中受其影響。而所謂法律者、對之亦不施何等之制裁、豈非咄咄怪事耶。

第三章　新聞之蒐集

第一節　訪事員之用意及準備

訪事員之三大用意

訪事員之用意　姑區爲對己、對人、對社、而分述之。

一、對於己之用意

甲、地位之尊嚴

第一當注意者、卽保持地位之尊嚴是也。新聞記者勤務社外、乃一社之代表、新聞記者之失態、卽一社之失態、亦卽新聞界之失態。故言動一切、當格外愼重、俾免品位之墮落。須知新聞記者蒐材之目的、非僅爲區區衣食計、小則爲億萬讀者、大則爲人類公共利益計也

乙、利害之公明

新聞記者不可爲利害感情所拘束、旣於前編詳論之矣。而當蒐材時、苟爲自身利害之計較、定親疎是非之區別、尤爲不踐之事。當言而不言與不當言而言、皆屬不公明之罪惡。

其材料之可採與否、由報紙之地位觀察而決、非由於小我之利害及事中人物與我之親疎關係而決也。美國聯合通信社與各通信員之訓條中有『對於一切之利害應公明』一語、誠良訓也。

丙、想像與推定

以想像與推定作記事、最切要亦最危險。蓋無想像則不能發見事件之妙趣、無推定、則難着機敏之先鞭。惟於想像與推定之間、須加以精密調査、不可妄逞想像、妄行推定。然此亦必有經驗者方可爲之、非初學者所宜輕試也。

茲舉一例、普法之戰將終、普皇及俾斯麥駐瓦色勒督師攻巴黎。時『倫敦泰晤士』報通信員拉塞爾、亦在瓦地、一日散步、偶逢相識之記者某。某以今日法國外交總長法尾爾何事來瓦叩拉塞爾。拉氏聞此消息、直赴普軍本營、確知法尾爾之來。卽轉趨電局、以法國降伏談判開始之電報、拍寄『泰晤士。』拉塞爾蓋推定法尾爾之到普營、舍降伏無他事。於是巴黎開城消息之先鞭、遂爲『泰晤士』捉去矣。

丁、臨機之工夫

訪事員若但知活動於編輯長命令之下、必無良好美滿之成績。蓋編輯長之命令、多於百忙中囑其要旨、決難爲巨細之說明、而受之者、當立會其意、逕赴目的地、揮自由之手腕。苟無必要商酌之事、即不必徘徊社內、絮絮反問。若命遠行、則應即時整裝、此臨機之工夫也。

事件發生、瞬息萬變、故應時處變、迅速決定活動之方針、全恃臨機之工夫。如訪問誰某、而不知其所居、欲覓其居、要一工夫。既得其居、而其人謝絕面會、必欲見之、又要一工夫。既會見矣、而欲聞之事、不可得而聞、更要一工夫。故凡遇意外事變、若無臨機之工夫、必至手足失措、陷於狼狽之境地矣。

臨機之工夫、對於『特務訪事』尤爲切要。俄日戰爭初啓、美國新聞記者、競赴日本、其中有被委任後、恐誤汽船時間、立由紐約出發、并襯衣硬領之替代者、亦未及攜帶云。

二、對於人之用意

甲、外表之態度

應接諸般人物之訪事員、最要深加注意者、外表之態度是也。容貌醜俊、無關人格、惟違首垢面、斯忌事耳。服裝則貴整潔、戒華飾。態度則不宜倨傲、亦不宜足恭。總之、一切舉止言語、不外取乎自然、自然者、不加人工之本來面目之謂也。

於蒐材上具極大之作用者、談笑是也。訪事員之事務、不外筆記與談話二類、而談話較筆記爲尤重。第所謂談者、非使其聞我談、乃彼此相談也。蓋材料固取自於人、而人之與我、多在談笑之間也。至於『笑』之爲用更多、訪事員除受重大侮辱外、無論如何憤懣、不可輕現怒色、否則談判立破矣。某外國記者、述旅行我國屢以『笑』脫危難之經歷、謂『笑比金爲可貴、以之護身、則勝于手槍、』可謂深得『笑』之妙味矣。

乙、勿爲一切之約

訪事員蒐得材料、無論於何時何地、不可妄與人訂揭載與否之約。訪事員之任務、在蒐集。選擇取舍、乃主持編輯者之權限。若妄與人約、比及歸社、倘與主持編輯者之意見一致、斯幸矣。否則必生不美滿之結果、此事當於次節詳說之。

丙、材料出處之秘密

新聞材料之出處、決不可輕以告人。美國則以新聞材料之出處、爲職業上之祕密、即於裁判所、亦往往拒絕陳述。大凡以新聞材料供給訪事員者、必深信其人、決不妄洩也。若妄洩之、不惟不德、且多危害。故保守材料出處之祕密、乃新聞記者德義上、又自衞上之問題也。

三、　對於社之用意

甲、　小我之拋棄

訪事員個人之利益、見解、悉淹沒於報社組織之中。其應時刻不忘者、所屬之報社與報紙耳。故當蒐集新聞材料時、縱如何苦心勞力、亦所不惜。只知有社、不知有我、庶幾無忝于厥職。此要義、已於前編多所述說矣。

乙、　不斷之警戒

縱無編輯長之命、亦須刻刻警戒、捕捉暗示、以免良好新聞材料之逸去。約言之、訪事員於廿四時中、殆周身是目、周身是耳、周身是足、有所見聞、當疾馳而出、不許猶豫。壁間之時鐘、警樓之火鐘、皆常破訪事員之佳夢焉。

丙、　獨占的新聞

我社獨得之特別材料、謂之『獨占的新聞、』(Exclusive news)乃新聞社所最珍重者、訪事員應勉求之。蓋報紙之記事、大抵相同、其間縱有多少異點、亦難喚起讀者之注意、故不可不努力以蒐集特別材料也。

丁、勿厭苛求

蒐集新聞材料、當盡限內之時間、應蒐盡蒐、總期毫無遺漏、至揭載與否、爲第二問題。如漫不注意、自認其材料爲無價値、隨手棄去、往往貽悔于事後。要之、報紙所需之材料、不僅限於當載者、多有知之而不載、或不載而不可不知者。且訪事員之唯一任務、在蒐集。製稿之責固另有專人負之也。（詳第三編）

尤當注意者、事件之眞相是也。新聞事務、雖尙迅速、然於事件之眞相、決不可稍涉模糊。如事件關乎個人、團體、則更須特加愼重、萬一誤傳、斯報紙之信用、將不免根本破壞。不寧惟是、一旦揭載失實、縱隨時更正、其効力亦難與揭載時相埒也。他如人名、地名、所關似小、實則一有疏忽、亦足傷報紙之信用。訪事員欲使人地名正確無訛、則電話簿、職員錄、及人地名辭書、年鑑等之檢査手續、不可省却也。

準備之概要

訪事員之準備　訪事員可準備之事甚夥、玆示其概略如次。

一、鉛筆

新聞記者之筆、猶如武士之劍、不可須臾離也。至用筆之種類、則毛筆不如金筆、金筆不如鉛筆。何以言之、磨墨濡毫、耗時費事之毛筆、良不適於現代敏活的社會。金筆固佳、然倉皇急遽之際、其便利終遜於鉛筆。蓋有鉛筆、斯用紙之範圍擴大。名刺之背可也。報紙之空白可也。如並此而無之、則襯衫硬袖之類、亦無不可借用也。鉛筆宜置於外套之外囊、倘遇不便於人前記錄之材料、可以探手囊中、記其要點。歐美記者、尚有以兩手同時就衣囊中速記一場之演說者、此固非旦夕之工夫、然亦不可不預習也。又事件無論要否祕密、皆不可輕出鉛筆、次節更詳說之。

二、時計

原稿之截止時間、郵務之傳遞時間、凡屬新聞社之事務、概以時間爲生命。故時間二字、不可瞬息忘懷、斯時計亦不可瞬息離身也、否則必難圓滿盡其任務。若夫大事件之勃發、時計之需要更急。例如、途遇強暴暗殺要人、或大地震大風雨之突起等事、一般人因之狼狽失措、此際若由平生養得先出時計之習慣、其效能、一則記事因時間無訛而愈正確、一則可使精神沈着也。

三、人名錄

自己擔任範圍之知人及名人之姓名、住所等、宜分別詳誌於人名簿。常攜帶之，遇事則尋訪何人、一覽而知、其便莫大。

四、豫定表

豫定表者、記豫定事務之簿册也。如何月、何日、有何事發生、可豫記之。

五、新聞拔萃帖

將與己擔任範圍內有關之新聞記事、分類貼諸『新聞拔萃帖』而保存之、俾資查攷。

六、寫眞機

歐美之訪事員、無不攜帶寫眞機者。良以事變無窮、有非文字所可形容者、一經攝影、附簡單之說明足矣、既省楮墨、並可與讀者以極深之印象。

第二節 訪問

訪問之二種　訪問之解釋、有廣狹兩義。就廣義言、所有新聞材料、無非得自訪問。故謂訪事員之任務、悉屬訪問、亦無不可。就狹義言、則所訪之對手、祇其姓名、已足爲重要材料、然後聽其談話、觀其丰采、綴一完整之記事。此種狹義的訪問、英美報界以 Interview 呼之。美國米梭里大學新聞科教授盧斯氏、謂前者爲『略式訪問』(Informal interview)後者爲『正式訪問』(Formal interview)茲順次說明之。

正式訪問 略式訪問

略式與正式之區別

『略式訪問』者、乃爲廣搜博採起見、不重對手之人物、故所記錄之談話、不能成一獨立之記事、是補足的、又附屬的。『正式訪問』則以對手之人物爲本位、非爲補足、亦非爲附屬。美之瓦約州立大學新聞科教授哈林頓氏、對於『正式訪問』下定義曰、『新聞記者所稱之 Interview、即凡關於動人感興之問題、直接由洞明該問題之著名的或於其道號稱專門之男女而得之個人的表現、』洵至的當之定義也。例如外國人來、則訪問其對於我國之感想及印象。新內閣成立、則訪問總理、叩其政見。學者之事業或發明成功、則訪問其艱難辛苦之經過。傳染病發生、則訪醫學大家、問預防方法等是也。祇以談話之首尾、及對手之丰采、題以『誰某之談』或『誰某訪問記』、即成一完全之記事焉。

二種不可混用

『略式訪問』與『正式訪問』不可亂用。如非知名或鮮有特殊技能之人、則無正式記其談話之必要。蓋『正式訪問』者、乃正式紹介其人之意見於公衆、其意見爲個性的、確實的、又責任的。而『略式訪問』所獲之談話、非不含多少之個性、究以不的確、且無責任爲夥也。

訪問之八要則

訪問八要則　茲舉『正式訪問』及『略式訪問』應注意之通則八項如左。

一、對手之研究

訪問之前、必須研究對手。若對手爲政治家、則其出身、經歷、黨籍、及在黨內之地位、與他黨及當局要人之關係。對手爲實業家、則其所經營之主要事業、及其事業之成功、失敗、與實業界有力者之關係、有無將起之新計畫。若對手爲新來之外國人、則其來我國之使命、更須加一番之研究。如不了解對手爲何許人、漫然會見、不惟談話難得要領、且不免爲對手所輕視。如訪問醫學家、而不知生理學之初步者、則徒招其侮耳。既知對手之爲人、及相見、務與對手以善感、則自能得滿足之談話。無論何國何人、取其快談、而正確傳述之、大抵無不歡迎、其有不願與記者會晤者、蓋恐不得快談、且不能正確傳述故也。正確傳述之方法、姑置不論。而欲爲一場之快談、則非熟悉對手之身分、狀態不可也。又有素性不喜接洽記者之人、對於此種人、務先擇其所好之題目作談引、然後徐徐入於本題、自不難得好結果。要之、若能充分預爲對手之研究、則決不至爲對手所欺、更不慮話柄之缺乏也。

二、質問之注意種種

訪事員須具臨機應變之才、於行『訪問』時、尤爲需要。然無論如何高才、若不先將質問之條項、加以準備、臨時亦難免失措之虞。世有一言見詢卽滔滔不休者、如遇此等人、則訪事員誠無所勞、第其人恣意放談之結果、往往溢出題外、而於本問題、反不得何等之要領、所談之話、更不知從何處記起、故對於此等人、不可不預定質問之方針。反之、對手爲沈默寡言者、不論如何探究、一二語外、漫無所答、則更須豫定問答之順序、至遇困難之時、自不妨放出奇兵、八方環攻、使之不得不言、是在訪事者之善爲運用耳。

於質問對手時、尤須嚴守第三者之地位、不可偏袒一方。如必欲以反對論、暗示其人、則應引他人之論暗示之。

無經驗之訪事員、動輒叩人『有何種新聞否、』此實自侮之甚者也。蓋成否『新聞、』可由自己之觀察而決、不應問諸常人、常人所謂好「新聞」者、以新聞眼光觀之、多無何等價值、而於常人絕不注意之中、往往檢出非常之好「新聞」故也。

以「然」「否」可答之質問、謂之「直接質問、」(Direct question)務力避之、而於不喜面會新聞記者之人、尤應然、良以對手既不欲多言、乘此機會、可以「然」「否」一語以塞責。例如向將赴某處之人問「某月某日出發麽、」則答以「然」或「不然」足矣、如「然」尚佳、如「不然、」則須更加追問。故宜提起對手以一語不能答之「間接質問、」(Indirect question)「閣下什麽時候出發呢、」則彼至少必以何月何日爲答也。若恐對手爲一不答時日、則可發推測的質問、不強求其答、但求其確認、即用「眼看某月某日聽說閣下就要出發了」之口氣是也。此不過極簡單之一例、苟探索稍繁雜之意見時、更要如此用心也。

三、 鉛筆與簿册

除特殊之時際外、不可妄出鉛筆與簿册。蓋「訪問」之妙諦、在交自然之談話、如以特來蒐集新聞材料之態度對之、不免使對手起一種之警戒、欲言而或囁嚅焉。不寧惟是、且聽且書、則其氣必爲筆記所奪、而對手之丰采、亦難乎表現、作成之記事、直毫無生色之速記錄耳。故訪事員與其重視對手之言辭、勿寧覘得對手之人格、若對手受何等感情之拘束、則其人格之表現、終難與我以正確之印象。如必須逐句詳記、亦當任諸記憶、而鉛筆與簿册、總以深藏不露爲要。

四、談話以外之材料

「訪問」之目的、固在記取對手談話、而談話以外、尚有許多之好材料。例如、對手之居處服裝、容貌、態度、以及其左右之伴侶、會晤時之景趣、庭除之所見等、非僅可作記事之點綴、實爲記事之正文。

五、善察對手之顏

談話中應向對手表充分之敬意、自不待言。然尤當注意觀察對手之顏容。其效能、一可藉表敬意。二可使對手知我喜聆其談、自發快談於不覺。三可察其言之是否出自肺腑。又如前項所言注意對手人格之表現、如不善察對手之顏容、則將無由形容之、即令寫出、必失眞相矣。

六、意外之線索

與人對話中、屢能得意外之線索。昔『倫敦泰晤士』報之名記者德霖氏、晤一醫者、無意中偵悉諾斯布勞開公爲印度總督於發表之先、卽其例也。德氏於某俱樂部遇知醫某、談次、某醫不覺話出今日諾斯布勞開公訪彼之顚末。諾蓋詢醫印度氣候炎熱、擬攜女公子同行、不知於女公子芳體、有無妨礙。醫以非惟無礙、於令愛芳體、且甚適宜爲答。德氏得此消息、爲之默然、旣而別去。翌日『泰晤士』報上揭出諾斯布勞開公已成印度總督行卽赴任之記事、諾公大驚。蓋『泰晤士』報發表當日、此事始行確定、除諾公與首相格蘭斯頓外、殆無知之者故也。

凡偶獲意外之線索時、要注意者。第一、不可深問。蓋恐對手隨口話出之後、忽爾反悔、不復續說、甚或取消其說、或囑記者勿爲宣布。右例德氏如以諾公究竟願赴印度否深問醫者、則消息破壞、亦未可定。第二、不可急遽告別。如以良材入手、欣喜之餘、恨不立時返社、匆匆告別、則亦有被對手察覺之慮。故務守沈着態度、徐徐爲一二三之閑話、然後歸去、斯得矣。

七、載否之預約

今有人向訪事員發出『此事不可登載』或『此不過語君耳』等話、則宜力爲謝絶。蓋訪問者、本爲獲新聞材料也。更就道德上言、一旦與人約定祕密、則務始終守其祕密。然有同一事件、乙對手與甲記者約定祕密後、甲記者復聞諸丙對手、或丁記者亦聞得之、則此事終必出現無疑。縱令甲記者不背信義、而不明事情之乙、對甲將失好感、甲雖有口、亦難剖白矣。

與右述相反而有要求必載者、亦斷乎不可應之。有價值之『新聞』、如內閣總理辭職事件、自不得不載。三家村中一巡查病死、雖如何囑托、亦無揭載之必要。況不問其材料有無價値、而載與不載之權、尙有主持編輯者操之乎。且此等囑托者、大抵衒一己之名譽、或圖作商品之廣告、其中皆含有何種臭味者、有經驗之編輯長、一瞥之下、勢必投諸故紙堆中也、如漫與人約定必載、則記者之信用失矣。至若欺編輯長於一時、爲寡廉鮮恥喪德敗節之行者、於前編已痛斥之矣。

八、　權作我之良友

對於對手、當存一長相交之觀念、此觀念於『正式訪問』時、尤爲切要。羈旅一晤、須知重見之有日。若不顧對手之迷惑、恣意誤傳、糊塗一時、其結局己身及新聞社之信用、名譽、必兩受損傷矣。

又行『正式訪問』如欲以『誰某之談』而揭載之、則務求對手之承認。倘對手索閱原稿、則除特別時際外、不必拒絕、蓋供其一覽、尚可更正錯誤也。

第四章　實際上之訪事職務

第一節　敘述與探偵

非因事件之大小

敘述與探偵之區別　訪事員之蒐集新聞材料也、有只就見聞而書之者、有費多少之機智、尋絲追跡而始得之者。前者、屬於有形的事實、後者、乃無形的事實也。今姑分此二者、一爲敍述、一爲探偵。此種區別、並非因事件之大小、事件雖小、有必須探偵者、有大事僅敍述而了者。例如、國會重要問題發生、其結果內閣倒潰、民治國之大事也、此等大事、祇直敍之足矣。一警察於夜間巡迴之途次、墜河而死、雖非特別大事、而欲記其墜河之原因及墜河之情形、須探偵也。

敘述與探偵之方法

事件之探偵、全賴訪事員之手腕與機智、前既屢言之、並無一定之成法也。惟關於敍述、則不無多少之標準。今於次節舉日常各類事件而示其應調查之諸要點。第有一事、不可不注意者。現代新聞記事、非僅以過去爲本位、多於事件發生之日、或前數日、即揭出之是也。以展覽會例之、開會前之五日、七日、十日、乃至數十日之籌備、及出品種別、一經探得、應即提前揭載、比會開則但記述當日所見可矣。如事前不加何等調查、待至會開、方始着手、則既費手續、更易差誤也。

第二節　各類事件之調查要點

八種之會

會

一、一般會議

注意——關於集會之趣旨書順序書等印刷物、務早速入手。

（一）會議之主開者。（二）主開者如爲團體、其團體之性質、歷史。（三）開會之原因。（常會乎、臨時會乎、）（四）會議之目的。（五）司會者及議長。（六）決議案、修正案及其議事狀況。（七）投票之光景及結果。（八）演說之人。（九）演說與聽衆之感動。（十）會場之情形。（出席者人數、服裝、種類、場內裝飾、）（十一）開會及閉會時刻。（十二）重要之出席人物。

二、展覽會

（一）場所。（二）時日及會期。（三）目的。（四）主開者。（五）辦事員。（六）觀覽者之狀況。（七）出品之內容。重要的、顯著的等）（八）會場之光景。（九）品物賣出之情形。（十）審查員。（十一）審查方法。（十二）獎品之授與。（十三）賞品之種類。（十四）受賞者之姓名及出品。（十五）餘興。（十六）會場内外之裝飾。（十七）入場人數。（十八）會之損益（收支概算及與豫算之比較）（十九）所得之捐款及補助。（二十）如係每年例會、則與前回之比較。

三、音樂會

（一）開會之目的。（二）會主。（三）出席者。（四）樂長姓名。（五）順序書。（六）演奏者之成功不成功。（七）聽衆之批評。（八）主要之獨唱家、聲樂家。（九）主要之樂手及樂器之種類。（十）出席之名士。（十一）會之收支。（十二）收入金之處置。

四、夜會又舞蹈會

（一）場所。（二）會主。（三）會場之裝飾。（四）來賓之先後。（五）主要之來賓。（六）惹動人目之人物及服裝。（七）主要之接待員。（八）奏樂之番組。（九）樂隊。（何處之樂隊及其樂長）（十）舞蹈之番組。（十一）主要之舞蹈者及所舞之曲目狀況。（十二）會之性質、歷史。（爲歡迎或爲祝賀等）。（十三）開閉之時刻。（十四）來賓最盛時之光景。（十五）吸烟室之光景。（十六）宴會場之光景。（十七）當夜最有興趣之舞蹈曲目及舞蹈者。（十八）最後之光景。

五、宴會（西式）

注意——出席者之姓名單、務於會前向當事者索取。

(一)開會之原因。(二)來賓之姓名。(三)主人方面之代表者。(四)知名之出席者。(五)場所。(六)時日。(七)主賓之寒暄。(八)會場之裝飾。(九)婦人休憩室。(十)貴賓休憩室。(十一)由休憩室赴宴會場之行列。(誰某攜誰夫人之手、或誰某先、誰某後等)(十二)着席之順序。(十三)祝辭及演說。(十四)會後之談話。(十五)散會時刻。

六、競技會(運動會之類)

注意——順序單務取二紙、一記勝負、一作稿紙。

(一)地址。(二)道路及地面之狀況。(三)天氣。(四)競技之種類。(五)會長、審判員及其他之幹事。(六)會主。(七)入場人數之種類。(八)應援者。(九)應援隊之新表示。(如振旗、喝采等)(十)競技爲第幾回、雙方有無復讎之意味、又前回之情形。(十一)重要之勝負。(十二)惹動人目之勝負、危險之勝負。(十三)惹動人目之勝者。(十四)與前回之比較。(十五)次回之豫定。(十六)賞品。(十七)饗應之茶菓。(十八)餘興。(十九)賞品之授與。(受賞者及授與者)(二十)對於勝負之苦情及其結果。(二十一)事故。(受傷者等)(二十二)會後之祝勝會、又雙方競技者之親睦會。(二十三)當日之競技者中之世界的選手及其履歷。

七、慈善會

(一)開會之目的。(二)會主。(三)於陳列場做賣手之各夫人、女公子、及其商略。(四)買物之名士。(五)餘術。(六)場所。(七)賣店之數及賣品之種類。(八)主要之寄增品。(九)賣品之處理。(十)收入及純益金之處分法。(十一)天氣。

八、園遊會

(一)主人及會場所在。(二)開會之意味。(三)出席者之類別及主要人物。(四)音樂隊。(五)餘興。(六)裝飾。(七)會食之時刻。(八)食堂之光景。(九)演說等。

六種之式

式

一、船艦進水式

(一)進水之船名。(二)船之用途。(三)造船材料。(木或鐵等)(四)設計者。(五)製造者。(六)所有主。(七)處女航海何時何處。(八)船長。(九)行命名式之人。(十)命名式之光景、場所、時日。(十一)來賓。(十二)建造所需之時日、龍骨裝置何年何月。(十三)登簿噸數。(十四)汽關之馬力。(十五)一時間之速力。(十六)船身之長短。(十七)造船所需之費用。(十八)關於船艙之深淺以及排水噸數等之巨細事情。(十九)艦船之種類、(二十)艤裝之順序。(二十一)乘員之數。(二十二)處女航海時裝載之貨物。(二十三)構造上與既造船之異點及比較。(二十四)進水式當日之天氣。(二十五)進水當日之潮汐狀態。(二十六)進水之程序。(二十七)進水之刹那。(二十八　如係軍艦、則備砲之大小與數目、裝甲之厚薄、鐵帶、砲塔、砲座等。(二十九)如係客船、則客間之大小及其設備、船室、船床之數目、乘客定員數。

二、奠基式

（一）本建築物竣工之豫期。（二）建築物之性質。（三）奠基之場所及儀式。（四）此建築計畫之由來。（五）建築費之出處。（六）與式之人員。（七）建造於該處之原情。（八）建築地之歷史。（九）如係紀念建築物、則被紀念者之傳記及與該地之關係。

三、除幕式

（一）行除幕之築造物之說明、圖案家、彫刻家、及建築家。（二）建築之材料。（三）如係銅像、則鑄造之時日與場所。（四）築造於該處之所以。（五）工事費。（六）發起者及其事情。（七）與式之人員。（八）行除幕者之姓名、來歷及其人被選之所以。（九）演說祝辭。（十）被記念者之傳記及事業。（十一）碑碣或銅像上所鐫之文字。（十二）臺石之形狀。（十三）像之態度及意匠選擇之所以。（十四）係本人何歲之像。（十五）式場之光景。（十六）市中對於除幕之感興。（十七）關於除幕之機械的設備。（十八）築造物之高低大小。（十九）當日天氣及附近之熱鬧。

四、新築落成式

（一）建築物之說明。（工事費及建築樣式等）（二）工事所費之時日。（何年着手、何年竣工、其間有無間斷情事）（三）建築技師及關係於工事之人員。（四）建築物之名稱。（五）建造物之用途。（六）建築物中之裝飾及可注目之設備品。（七）裝飾品等之寄贈者。（八）工事費之內容。（九）預算與工費之比較。（十）建築物之大小、間別及室之種類。(十一)落成式之順序。(十二)主要之出席者。(十三)演說祝辭。(十四)其地之買入或租借之價値。(十五)餘興。(十六)工事有無未完之處所、若有之、其竣工之豫期。

五、閱兵式

(一)參加之隊名及隊長。(二)總指揮官參謀長。(三)當日之天氣、式前之光景。(四)行入式場各隊之狀況。(五)沿道及式場之觀者。(六)主要之陪觀者。(七)閱兵者到場之狀況。(八)式之順序及光景。(九)分列式之光景。(十)有無意外之事發生。(十一)自始至終之時刻。

六、葬式

(一)死者之姓名、年齡。(二)死亡之時日、場所及原因。(三)葬列之經路。(四)葬列之順序(花圈、僧侶、樂隊、及從葬人等)(五)棺之種類(六)主要之送葬者。(七)葬儀之種類(基督教式、或佛式等)(八)司葬儀之人。(九)葬儀場。(十)葬儀之順序。(十一)如係西式、則棺衣棒持者。(十二)天氣。(十三)葬地之來歷及與死者之關係。(十四)葬之順序。(十五)花圈及生花等之寄贈者。(十六)音樂、讚美歌及其樂手、唱者。(十七)死者之小史及其家庭。(十八)如有儀仗兵、其隊名及隊長。(十九)死者之遺事遺言。(二十)紀念物建造之計畫。(二十一)沿道之羣衆。

六種之變事

變事

一、火災

（一）出火之時日與場所。（二）燒失家屋之數與種類、家屋所有權關係、土地所有權關係。（三）原因。（放火乎、過失乎、自然之發火乎、原因不明乎）（四）如係放火、其放火之動機、如係自然發火、其科學的原因。（五）初發見時之事情及發見者。（六）出動之消防隊及其活動狀況。（七）天氣、風之方向及強弱。（八）火場道路之廣狹、地勢。（九）附近著名建築、又知名之人。（十）類危之建物。（十一）人畜死傷及應急手術。（與此項有關係之病院、醫士、醫官、又慈善團體）（十二）損害之保險金額、動產保險之有無。（十三）阻止火勢所用之各種手段。（十四）人命救助之狀況、又救助不得之顛末。（十五）觸人目之行爲。（十六）燒失區域之廣袤。（十七）水之來源如何。（十八）被燒家族救助之顛末。（十九）火場盜賊之犯罪行爲。（二十）羣衆之狀況。（二十一）醫官之活動。（關係之警察署及指揮官）（二十二）放火犯人之已否逮捕。（二十三）火災後之再建計劃。（關於此項、則地主與租主之間、有無糾葛。）（二十四）災民避難所。（二十五）罹災地之火災史、如係大火、則與其他大火之比較。

二、地震

注意——急趨天文台或專門家之門、訪問一切。

（一）震動之時間範圍。（二）地震之性質及其強度。（三）震源及地震之方向。（四）損害。（建造物之倒壞、人畜之死傷等）（五）罹災民之手術。（六）悲慘之罹災者。（七）災民避難之光景。（八）上次震災之回顧。（九）山崩、地裂、海嘯、餘震。（十）有無前兆。（十一）如係大地震、則與火災項參照。

三、暴風雨雪

注意——應赴天文台、鐵路局、各鐵路公司、汽船公司、郵務局、電話局、內務部等處訪問一切。

(一)風之性質、方向、速力。(二)雨雪量及降之時間。(三)溫度、溼度。(四)道路、鐵道、電柱、家屋等之破損。(五)交通機關所蒙之影響。(六)堤防橋梁之破壞。(七)營之中止又延期之種種事件。(八)警官、郵差、鐵道員之實驗談。(九)勞動者所受之影響。(十)除雪之光景。(十一)暴風雨後道路之光景。(十二)罹災者之救恤。(十三)學校之停閉。(十四)死傷之有無。

四、船舶之遭難

(一)遭難之原因。(如係衝突、則兩船名稱與積載物)(二)兩船之航程。(三)兩船長之姓名。(四)兩船之大小。(五)衝突之正確地點。(六)受傷之部分及損害狀況。(七)風之方向。(八)船主姓名。(九)兩船之狀況。(十)衝突之原因。(十一)衝突之結果。(十二)死傷及乘客被救之狀況。(十三)雙方信號之有無。(十四)濃霧之狀況。(十五)沈沒之船。(十六)自衝突至沈沒之時間及光景。(十七)如係蒸汽船、則機關部所受之影響。(十八)兩船水手之數。(十九)死傷者姓名表。(二十)兩船之乘客及其數。(二十一)兩船之年齡及其歷史。(二十二)損害保險及修復之期望。(二十三)衝突時船客之恐慌、婦女與小兒。(二十四)救助信號、救命船、救命器、漂流者。(二十五)附近船舶之狀態。(二十六)悲慘之談話。(二十七)勇敢之行爲。

五、汽車之變故

(一)事故發生之時與處。(二)如係衝突、則其性質及衝突車輛之種類。(客車乎、貨車乎)(三)兩列車發車及到迄之時刻。（四）道路又步廊等有無破壞。（五）事故之原因。（六）光景 （七）死傷者 （八）損害之狀況 （九）死傷人名表。（務設法調製） （十）目擊者又該車乘客之談話。（十一）死骸收容之場所。（十二）受傷者收容所。（十三）來救之醫師。（十四）司機者、火夫車長等所取之處置。（十五）受損害最甚之部分。（十六）該管當局派遣之重要人員。（十七）救助之盡力者。（十八）乘客數。（十九）多數乘客之行程。（二十）該線上過去之事故。

（二十一）主要遭難者之家庭。

六、礦坑爆發

（一）礦坑之名稱及位置。（二）爆發之時刻。（三）礦坑所有者。（四）礦坑之深淺 （五）爆發之箇所 （六）爆發之原因。（七）附近居民之震感 （八）最初趨赴現場者。（九）當時勤務於坑口之人員。（一一訪問之） （十）於各斷層勞動之人數。（十一）爆發時坑內之人數。（十二）救出之人數及被救出者之光景。（十三）礦物之種類。（十四）採掘所用之器械。（十五）支配人。（十六）監督者。（十七）坑內之設備。（十八）當時坑口之光景。（十九）坑內探檢隊最初進入之勇者、進入之人數、進入之深淺、探檢之結果。（二十）坑之大小、其中可作業之部分有幾處。（二十一）以前曾否爆發、其年月日與當時之死傷數。（二十二）礦山監督者之日誌。（最後記入之部分） （二十三）死傷及生死不明者之姓名。（二十四）生存者談話。（二十五）從事救護之醫師。（二十六）死傷者之家庭。

（二十七）最初取出之死骸。（二十八）死體運往處所。（二十九）由各方面來之慰問及慰問品之饋與。（三十）該管當局人員之臨場者。（三十一）生存者及傷死者家族慰藉之設備。（三十二）收容負傷者之病院。（三十三）

負傷最重者之狀況。(三十四)死者殯葬之時日。(三十五)關於爆發之各種學說。(三十六)修復工事。(三十七)義捐金之詳細。(三十八)坑業恢復期望之時日。(三十九)對於此變事之輿論一班。(四十)此變事之責任者。

六種之警察事故

警察事故

一、暴行

(一)被害及加害者之姓名、年齡、職業、住所、家族、經歷、人望。(二)事件之經路。(三)原因。動機。(偶然乎、或蓄心已久乎)(四)暴行之方法。(五)場所時日。(六)與事件有關係之婦女及其風采履歷。(調取其寫眞)(七)告訴。(八)被害者受傷之程度。(九)犯人被捕之程序及就捕時之態度等。(十)裁判。

二　盜賊

(一)事件發生之時日、場所。(二)發見者　(三)盜賊侵入之方法。(四)現場之狀態及盜賊之路。(五)家內之防備。(六)盜賊逃走之形跡。(七)有無爭鬭。(八)損害額。(九)警察之活動。(十)嫌疑者。(十一)該處最近發生之盜賊。

三、誘拐

(一)姓名、年齡、住處、誘拐者與被誘拐者之關係。(二)時日、場所、方法、乘物等。(三)雙方之家族及其處置方法。(四)突然之決心乎、暗地計畫後而行之乎。(五)婦女被誘前與家族有無爭論及平日家庭間之事情。(六)被誘拐者之風采、服裝、攜出之金。（七）遺留物。（八）攜出之重要品物。（九）男女周圍所受之函電。即爲雙方媒介能力之人）（十）雙方之寫眞及筆跡。

四、同盟罷工

（一）工場等之名稱及其所在。（二）工場等之所有主及支配人之姓名。（三）罷工人數。（四）以前有無罷工情事，其時之原因、結果。（五）工人代表者之姓名。（六）今次罷工之原因。（七）工人方面所持之條件。（八）工場方面提出之條件。（九）工人與工場論爭之顛末。（十）現在之勞金。（十一）工作時間。（十二）關於勞金及時間近來所施之改革。（十三）與同一事業之他處工場之勞金與時間之比較。（十四）工人之團體團結力。（十五）工人中之願復歸作業者。（十六）工人所受之慰問品。（十七）解決之期望、調停者。（十八）遭罷工業務之種類、產額及現狀。（十九）新工人之雇入計畫。（二十）雇主等之威嚇。（二十一）警察之處置、被召喚之主唱者。（二十二）罷工者本部之光景。（二十三）罷工人生活費之出所及家族情形。（二十四）商業及公衆所受罷工之影響。（二十五）解決後雙方之狀態。

注意——學生之同盟休校、大體準之。

五、傳染病

（一）病名發生時日、場所及其原因。（二）發見者與發見之事情。（三）警察警戒之處置。（四）阻止蔓延之方法。（五）被斷交通之家屋、又船舶。（六）隔離者又發病者之總數。（七）死亡者。（八）關係之醫師及看護婦。

（九）隔離病院之忙碌。（十）全治者。（十一）各種之消毒法。（十二）每日發生之患者表。（十三）死骸之處置。（十四）與以前傳染病之比較。（十五）衛生當局及專門學者關於病毒撲滅之意見。

六、變死

（一）自殺或被殺。（二）被害者之姓名。（三）如係被殺、則加害之人。（四）加害者及被害者俱不明了、則現場附近之光景、及其他可疑之事情。（五）加害者及被害者明了時、其事件詳細之徑路。（六）時日、場所。（七）加害之方法及受傷程度。（八）加害之動機。（九）警察之活動。（十）被害者遺族之談話。（十一）如係自殺、則求其遺書、又自殺者之境遇並與家庭及周圍人人之關係等事。（十二）自殺之方法。（十三）自殺之動機。（十四）自殺者被發見而不明為何人時、則死骸及服裝之詳細。（日記簿、名刺等之有無）

六種之雜

雜

一、裁判（刑事）

注意——勿試豫斷的評論

（一）裁判所之名、法庭之號數。（二）裁判長及陪席之裁判官。（三）檢察官。（四）律師。（五）法庭之光景、傍聽席、傍聽者之多少及其類別。（六）被告人姓名。容貌、態度。（七）犯罪之性質。（八）審問之光景及其要點。（九）證人。（十）原被律師之辯論。（當擇其有興味之點）（十一）法庭內發生之滑稽可笑事。（十二）判決、如未判決、則宣告之期日。（十三）有無上訴情形。

二、裁判（民事）

（一）原被姓名、職業、雙方之律師。（二）爭訟之事實及論點。

其他可與刑事項參照。

三、選舉

注意——蓋公平報道之任務於選舉時尤切要也。

（一）各候補之姓名、黨籍、政見。（二）候補者之履歷、寫眞。（三）各選舉本部之位置。（四）運動者及其參謀、指揮。（五）是否新候補、又前回曾否當選。（六）關係於選舉人利害之時下主要問題。（七）運動之光景及其地域。（八）參與運動之各種團體。（九）巧妙之運動方法。（十）重要之運動者。（十一）舉行選舉之時日、場所。（十二）演說會。（十三）選舉法違犯。（十四）最有希望之候補者。（要注意）（十五）激烈之競爭。（十六）選舉當日選舉場內外之光景。（十七）監場者。（十八）選舉人到場及投票之光景。（十九）與前回選舉時之比較。（二十）投票總數與選舉人數之比較。（二十一）棄權者之多少及重要事由。（二十二）對於候補者之輿論。（二十三）應援選舉之婦女。（二十四）發行。（二十五）開票結果、當選者姓名與得票數、若當日不開票、則開票預定之日。（二十六）當選者之宴會。（二十七）落選者之態度。（二十八）如起訴訟、則其事由。

四、銀行之擠兌

（一）銀行理事、資本金、積立金。（二）遭遇擠兌之事情。（三）一般存款者職業及主要之存款者。（四）後援之大銀行。（五）支拂停止之期間。（六）其間存款者方面之運動。（七）解決之期望。（八）債額。（九）即時收得之金額及回收不得之金額。（十）仲裁。（十一）暴行。（十二）銀行方面之態度。（十三）銀行之歷史、發展、以〔及〕曾否遭遇擠兌情事、如有之、則彼時之難關、如何過去。

五、演藝

（一）時日、場所。（二）曲目及其解說。（三）如係新作物、其製作之人、他種作品、成功之作品。（四）如係舊作物、其作成之時代及上演之成功不成功、又該作家其他之傑作。（五）對於作物之一般批評。（六）演藝之狀況。（七）觀者之人數及其類別。（八）最博好評之俳優、又音樂家。（九）舞臺、幕、音樂。

六、鐵道開通

（一）鐵道之名及線路。（二）如係私設、則公司總理及幹部人員之姓名。（三）設計者及工事經過。（四）發起人及承辦人。（五）承辦價格與實際之工事。（六）資本金之募集、報名者幾何、繳納者幾何。（七）股票。又市價之市價。（八）該處之地主及有志者應募情形。（九）需款最多之工程。（購地、鑿隧、架橋等）（十）當事者最苦心之點。（關於資本、工程、購地等）（十一）築此鐵道之動機、與沿途各處商工業之關係。（十二）主要之車站、鄰接車站之市鎮及相距之交通。（十三）與他線之聯絡。（十四）線路之里數。（十五）單線、或複線。或輕便鐵道等。（十六）檢查工事之狀況、檢查時日、檢查員、有無不合格之處、有則曾否命其改造及因改造所受之影響。（十七）橋梁之數、長、高、建築材料、場所及河川或溪谷之名。（十八）隧道之數、長、及其地質。（岩石破壞所需特殊之努力及排水上之苦心）（十九）沿道及附近之名勝、古蹟。（二十）客車之種類。（二十一）發車之度數。（客車幾何、貨車幾何、混合車幾何）（二十二）主要之運輸。（二十三）工事中之死傷者。（二十四）工事是否遵照設計及契約而進行者。（二十五）全線路之平均斜度及最大斜度。（二十六）有使用電車之部分否、如有之、其動力之來源、及電車連結之車輛數。（二十七）鐵道開通前沿道及附近市鎮之交通運輸方法。（二十八）購地之平均價額。（二十九）平均一哩之工費。（三十）行開通式之場所及主開者。（三十一）發車之站名及發車時刻。（是否兩地點同時發車）（三十二）主要之來賓。（三十三）演說祝詞。（三十四）對於鐵道僱員及工人之宴饗。（三十五）列車進行中之景色。（三十六）車內之光景、茶菓、裝飾、食車、土產物之分配。（三十七）於下車後開宴之場所及光景、（三十八）附近市鎮之熱鬧。

第三編　製稿

第一章　概說

文稿之種類

本編之要旨　報紙文稿之種類繁頤、大別之、可區爲四。(一)論說文。(二)記事文。(三)特殊文。(四)趣味文。玆編卽論述其製作之法者也。若一一條析而詳說之、殆非專書不備、故僅擇各種文例之重要者而舉之。讀者能神明其理、則於製稿一道、思過半矣。

製稿上之四大注意

一般之注意　報紙文稿之製作、與尋常作文稍異。尋常作文、選定材料之後、從容匠運、綴而成篇。製作報紙文稿時之狀態、乃大反是、其故有四。第一、報紙有時間之限制、須於極短之時間、迅速爲之。第二、有長短之限制、篇幅有定、固不能過於冗漫、又不得稍涉脫略。第三、閱報者多係一時的、故使其暫讀之用意、比諸使其熟讀玩味之用意爲尤要。第四、難獲適宜之起草場所、大抵從事於喧喧騷騷之編輯部、乃至汽車之中、街衢之旁、或立而書、或伏而書、有時迫不及待、則且書且付於手民焉。

預定腹稿 無論爲記事爲論評、其製作前之唯一要義、即預定腹稿是也。腹稿定、然後于握管之際、可收一氣呵成之效果。否則倉卒臨箋、思考旣不免於散漫、行文更難冀其一貫。已定之腹稿、如篇幅過長、而未暇着筆、可以簡單記號誌之於簿、或各種紙片、俾免遺忘。

編輯與訪事

製稿之責任者 論評之製作、屬諸編輯部之論評記者。新聞記事則訪事員與編輯員雙方行之、是爲常例、其理由、(一)訪事員蒐得之材料、多爲問題之片段、難以獨立。(二)訪事員之草記事、多於匆忙急遽中爲之、絕少修整之餘晷、其構案行文、缺點不免故也。至由遠方而來之特別通信、編輯記者不過稍正筆誤而已、因特別通信員之稿件、乃多就問題之各方面而記述者也。

第二章　文稿之實地製作

第一節　論說文

論說製作之根本問題

論說與報紙之關係　於論說製作之前、須先述論說與報紙之關係、雖似與本題目不甚切合、而其實乃論說製作之根本問題、必洞明此關係、然後始可下筆也。

論說之關係

論說爲報紙權威之集中點、報紙之所以具有代表輿論、指導社會之資格者、全恃乎此。換言之、論說者、報紙之靈魂也、報紙而無論說、直破殘軀殼之死體耳。歐美大報、一篇論文、顚覆內閣、乃尋常事。而一國政治經濟中心之報紙論說、駐于該地之外國使節、領事等官、輒翻譯之、其論旨之範圍廣大、或與國際問題有關者、則立據之以報告其國之政府。而各報特派員、更藉以作通信之資料。著名報紙之一論、瞬息間、不脛而走、遍傳世界。即在無眞正輿論代表機關之我國、而京滬三數社之短評、往往爲外報特派員所採取。故論說之勢力、對內、可以支配羣衆、監督政治。對外、可作國民外交之公牘。其與報紙關係之重且巨如此。

論說非研究之發表

論說製作之要訣　新聞記者、縱係專門學者、而製作報紙之論說時、當與其發表研究之論文時、執相異之態度　蓋專門學者研究發表之論文、首重精緻之思考、與綿密之推理。而報紙論說、則以提供問題爲主旨。即將多數人尙未周知之問題、提撕而論究之。命意、措辭、尤貴清新平易。蓋報紙之價値、離乎『新』之一字、則大半消失、故報紙論說亦要力求切合於『新』之一字。極言之、昨日報上揭載之事件、今日已無論說之必要、而預測今日或明日發生之事件、始堪爲良好之題材。

問題提供之方法

報紙論說、旣以提供問題爲目的、故光怪陸離、氣燄萬丈之文章、不適用之。詳言之、新聞記者之製作論說、絕對不宜存何等之成見、名爲議論(Argument)實近註解(Comment)。一般之論文、概屬演繹之結論。報紙論說、乃爲歸納之材料、而其斷案、則委諸讀者。故一般論文所慣用之『應有』『不可不爲』之口氣、報紙論說、則用『有』『爲』字樣已足。『其結局當如何』之語句、在報紙論說、則應爲『其結局將不知如何』之語句焉。英國一名記者、語某人以論說之必得中有云、『余常避教員口調。而君每述己見、必旁若無人、殊非所宜。縱令中心爲如何之獨斷的、而表面則必爲試驗的、請願的、暗示的。」此中消息、道破不少。

具體的羅列

論說之內容、宜將新事實爲具體的羅列。一切引據更期毫無謬誤、而且豐富。令人讀之、可得某種之知識。若抽象的及模糊影響之空談、皆應力避者也。

論爭陋習之應戒

據右述、則論說云者、固亦報紙上記載之一種。既爲記載之一種、則舊時代此社與彼社、藉論說欄以論爭之陋習、應即戒除。縱有論爭、可於雜誌上發表之。蓋雜誌多爲專門學者之意思機關、儘可自由吐露主觀的見解也。

論說作製之速度

論說之製作、與其巧而遲、無甯拙而速、千字之論說、大抵以一二時間脫稿爲常例。倘重大問題突發、則往往於原稿截止之半小時前起草。斯際論說記者之構案、須極迅疾。不但擱筆後無返讀之餘裕、急不及待時、且逐行逐段、付諸手民、而一篇之首尾、尚不可不使之貫串。若夫如學究派之作文、低吟暗詠、徘徊耽思、於一日二日始成一製者、則無濟於事矣。又美國之論說記者、常口授論旨、令速記員記之。而「紐約亞美利加」報之一論說記者、以速記員往返不便、將論旨吹入留聲機、然後使速記員聽而記之、此又殊徑別開之論說製作法也。

我國報紙之論說與論說作例

近觀我國之閱報者、大有厭棄論說之傾向。良以我國大多數報紙之論說、恆不計及關係民生疾苦之社會諸問題、徒對於政治上弄無責任無價值之放言空談故耳。即有佳構、亦屬演繹之結論、與報紙論說之性質、甚不適合。而在我國報紙論說中、時見有適合於報紙之論說者、則譯品也。故現擬由我國報紙上、擇出可作模範之論說、作本節之舉例、勢不能不向此種譯品中求之。

例一

中國財政之危機

本報於中國本年前六個月之財政預算案、已有所論列。今復細加抽繹、覺中國財政狀況、實已達於至危之地、一髮千鈞之國家、誠不知稅爲何所也。

本報北京通信員詳論此事、僅拈鹽課一端、加以剖析、即足以見財政之全體、而知前途之可憂。蓋鹽課一項已抵押。外債利息每年四千二百萬元。（連五國借款在內）本年前六個月間、中央政府所收鹽課入款、僅一百八十六萬七千五百四十二元、推之每年約可得三百七十五萬元。換言之、即不足外債抵押額之十分之一也。據預算表、政府行政費用、既每月短少一千九百萬元　則鹽課抵押外債之短額、政府勢不能別籌彌補、乃顯而易見之事也。按鹽課能合法管理、其所產出之數、以之應付外債、原不難綽有餘裕　試觀前清時代、政府每月所收鹽稅、往往有六千萬元或至七千萬元之譜、可以見矣。目下此項鹽課、亦必照常征收、惟各省不肯按額匯解中央耳。

然政府行政費用、既不可少。外債利息、亦決難拖欠。然則此項鹽課、無論如何、總非照數徵集不可。由是言之、假使中國政府不能征收其入款、以按期繳納外債、則其結果、勢必組織一能征收入款能按期繳納外債之行政機關以代之而後已。不寧惟是、此項行政機關、必至歸於外人監督權之下而後已。申言之、苟中國政府不能借其一種充分之督察權、使一種嚴強幹之財政機關得以行使其職務、則此項督察權必至爲強大之外國所攘佔而後已。此蓋勢所必至而無可如何者也。嗚呼、中國今日遇步進行、向何處去耶、非向完全外國監督中國財政之絕路去耶。彼印度、埃及、波斯、土耳其覆轍在前、中國乃不憚追蹤繼武、苟非臨岐勒馬迅速回頭者、則必不至印、埃、波、土之同一境地不止矣。

中國不乏誠摯之友、今討論中國大局、輒不禁私憂竊歎、而其結語輒曰、列強殆終不免以從事於中國海關者、從事於中國全國一切之財政也。嗚呼、假使列強果不得已而出此、其伏有危機、乃顯而易見者。蓋無論其入手之時、如何懷挾一種好意、遵守一種信義、其管理則一切不苟、專爲中國利益計。（如海關然）然須知好意之教導與監督、久而久之、每每不知不覺而擴張至於永久政治的管理之地、此乃斷斷不可免者。於近世史中、不見其例外、記者實未之前聞、或者美國之對於古巴、其近似之。然吾美亦尚不能恝然置古巴於不顧、頗有復行藩貨之勢。果爾、則古巴獨立之假面目、即將褫除、而該島恐終爲合衆國所有矣。由是可知國際間之愛他主義、無論如何極端、要必有一定之限度。蓋優勝劣敗、天然之則、資格不足者、必墮於資格足者之界域以內、國際間之事、亦奚能透茲公例。惟列強以連雞伹棲之勢、彼此疑忌、彼此防閑、乃借勢力平均之說、姑以自治之美名、畀諸弱國、以容彼苟延殘喘、則有之耳。

嗚呼、袁總統頒布此預算案、固已以驚心動魄之意味、解釋於國民之前、且息息不停、以團結國民爲務矣。彼果能告厥成功歟、抑終被一政治能力薄弱之國民重量所壓而倒、而政治上之中國亦自此從之以俱倒歟。

右乃民國二年某報譯『大陸報』總撰述彌勒氏之論文。只就危機二字上發揮、而以疑問口氣結束。內容引據之事實、純粹爲具體的。雖寥寥千餘言、並無一字之空談。讀之覺幾若干之財政及外交之知識、且令人生驚心動魄之感。

例二

中國之三大敵

中國派赴日內瓦會議參加修改國際聯盟約章之代表王寵惠博士、道經溫哥華、對路透電社通信員聲稱、日本非中國之仇敵。但吾人更察其以下之說辭、則列舉中國有三敵。而此三敵者、實即中國之眞敵所藉以打擊中國之三種武器耳。中國之眞敵爲何、卽得有此三武器而用之之一國是也。此國用此等武器、卽能使所謂「門戶開放」政策成爲一虛僞之滑稽劇。能從中國攫取廣大之天產、以作一種擴張國勢之工具。又能利用中國無限之人力、以作其從事征服之力法。依王博士所言、中國之三仇敵如下。

一、國際聯盟約章之第二十一條。

二、英日同盟條約。

三、藍辛石井條文。

按國際聯盟之第二十一條、揭櫫區域了解主義、不悟此於東方及世界之和平、皆甚危險。蓋中國之仇敵、得藉此施行其侵略壓迫政策。而日本在東方具有特別野心、此二十一條則承認之。

英日同盟、若一旦存在、凡有思想之華人、即不能一日安枕。據近來謠狀、此同盟似有續訂之勢。該盟約中之第三條云『日本在高麗主有最高政治上軍事上及經濟上之利益、故英國承認日本有權在高麗施行彼所視爲相當之方法、但此等方法須不違反各國之商業一律機會均等之主義。』此約於一九〇五年續訂後三個月、日本即在高麗施行保護權。五年後即正式合併之。許多華人均慮此種歷史或將復演焉。

至於藍辛石井牒文、反對之論、得以四點爲根據。第一、牒文之條件、似係自相矛盾。第二、『特別利益』一語、意本浮泛、但含有違反門戶開放政策之特別權利之意。第三、此『特別利益』所根據之土地接近之原則、似不能有效。第四、中國於談判當時、並未預聞、其主權實被漠視。且海約翰氏主唱之門戶開放政策、即爲反抗『特別利益』及機會不均等而設。則藍石牒文、實與門戶開放政策不符也。

雖然、中國有思想之人、頗信所謂中國仇敵之三武器、未必能成立、使彼可用以打擊中國之一國不復得而用之。中國人之希望有三。第一、國際聯盟約章之修改。第二、哈定總統對於和約中判斷之反對。第三、英國之屢綫與日本續訂同盟。

美國苟非聯盟約章修改、決不加入聯盟。英國之與日續盟、亦已展緩。蓋英欲得美之友助、美亦願與英和好、皆有相需之勢也。

日內瓦會議、中國派王寵惠博士爲代表。實爲最適當之人物、王君雖不言日本爲中國之敵、而特指出三事爲中國之大敵。而利用此三事者、厥爲日本。則王君之意、欲在剷除中國眞敵之武器、不已大白於世界哉。

右乃昨年四月『大陸報』之社論也。此等論文、完全爲問題解釋。王博士所言之三大敵、具有常識者、雖無不知之。然經此一番之解釋、則愈加明了、與讀者以極深之感念焉。

英美日本多不署名

論說之署名問題　論說應署記者之名與否、頗爲從來新聞學界之一問題。然英美及日本之報紙論說、大抵採不署名制、此制度爲英美新聞界所首唱者、其理由、署名僅區區個人之力、不署名則堂堂一社之力也。本茲理由、當發見下列二要件。第一、論說之性質、既如前述、專主提供並解釋一切之問題、與個人之研究發表相殊、自不須署記者之名。第二、縱屬政黨機關報、則一社之論、即一黨之論、更無署名之必要。惟社外之來論、乃爲一種之特殊文、其責任、著者負之、當然著名、不待言矣。

第二節　敘事文

六大要則

敘事文製作之總要則

敘事文製作之總要則有六。

一、冒頭

新聞記事之製作、歐美報界從來有一慣例、即將事件要綱、提置於起首作冒頭。例如火災記事、起首直記「何月、何日、何時、何處、何戶燒失、死傷何人」以次逐段敘述死傷之事情、火場之光景等、愈後者愈不重要。讀者只讀起首之一項、即可明瞭。而編輯者則遇記事幅幀、難以盡載之際、可隨意捨去後列之一項或數項、亦無傷於全體。然近頃有反對此種敘法、謂記事冒頭、太嫌單調。遂不守此慣例、但於起手用動人之語句、頗爲一般所認許。冒頭者、誘起讀者讀慾之餌也。故餌味不可不使之美。彼業務倥傯、神經疲勞之現代人士、一瞥平凡枯乾之記事冒頭、鮮有不厭讀之者。我國新聞記者之最先了解是義者、其黃遠生乎。茲舉數例於左。

甲、感慨的

民國最可悲之現象、乃今國人心漸已厭倦政黨、厭倦輿論、厭倦政治。而政界大勢、日益混沌。推波造浪、已漸牽國運趨於斷潢絕流之中、而拍水作樂者有人、沈溺待死者有人也。記者語及政談、輒爲心悸。以職務所在、聊述管窺蠡測之見而已、不敢遂云得眞相也。

（右民國二年二月時報遠生『政海之一勺』之冒頭。）

前函記最近之大勢、標以漸漸分明、所謂漸漸分明者、卽時局已迫近於解決之途。吾人將綜觀國內有解決之勢力者之能力如何、方法如何、及其仍否歸於放任而不解決之區路也。國家爲理性造成之物、而吾國人、乃以一時一時之感觸爲之。感觸劇烈時、則將一時政局、攪得海湧雲騰。感觸停息時、則奄奄作死人睡去狀、一般人但求旦夕無事。究竟『中華民國之究竟如何』大衆既不加以思量。而所謂勢力家者、亦但求保持其特殊之勢力爲已足。惟無理想、故無解決、惟無解決、故無希望、此乃時局漸漸分明後之結果也、抑可痛已。

（右民國二年六月時報遠生『無理想無解決無希望之政治』之冒頭）

近日政界、乃不知下筆將從何處說起。其第一苦處、卽吾輩自認已無復氣力寫出此等千奇百怪千險萬惡之社會也。

（右民國二年六月時報遠生『苦海呻吟錄』之冒頭）

乙、疑問的

自宋君遯初逝世後、北京政界、表面似平靜如常。而暗幕中之千變萬化、有如愁雲黑霧、累疊而起。比來大有天鼠如磐伸手不能見掌之狀。其或雷雨驟發掃蕩一切乎、或長此沈沈不見天日乎、或更有意外之變化乎。殆非吾人神智所能預測已。

（右民國二年四月時報遠生「悶葫蘆之政局」之冒頭）

丙、莊嚴的

中華民國二年四月初八日、爲我正式國會開院之日、乃吾中華民國之一大紀念日也。先是、政黨中頗有以大總統初八召集命令之不合法、主張自由集會者、其說在各本黨中、既已不能成立。及聞我最親好之美國定於初八日正式承認中華民國消息、其說乃自然消滅矣。

（右民國二年四月時報遠生「國會觀禮日見聞錄」之冒頭）

丁、奇拔的

記者觀於今日之政治界、不特不敢主張無鬼論、且極欲主張有鬼無人論也。零零星星之所見所聞、莫非鬼界中現象、擇其可記者記之。

（右遠生「無理想無解決無希望之政治」之第二信之冒頭）

戊、別趣的

姗姗來遲之熊總理、於八月二十二日到京矣。到京後就職與否之熊總理、亦已於二十七日到院視事、命令中易國務總理段祺瑞三字爲熊希齡矣。然而閣員至今未曾提出、猶以舊五六內閣員擁新總理於其上、難產哉內閣也。

(右民國二年九月時報遠生「熊總理下馬後之政局」之冒頭)

己、比喩的

記者前函以今日時局類於無意相打之辮子、即陰陽兩性之說也、今已漸漸實驗到此境界矣。

(右民國二年五月時報遠生「陰陽兩性之時局」之冒頭)

庚、總束的

記者述此、先須爲一言以謝罪於讀報諸君。則自亂事起後、通信之曠缺、至於兼旬。其原因決非僅記者一私人之過。蓋以戰事既起、百政停滯、所可言者、惟有戰報。而戰報則除官電外、無從偵訪、此等官電及以外之政況大略、則已日日報之專電。其他可紀錄之見聞、則往往非今日報章所宜載。故記者欲爲一稍有系統之通信、不能不遲至今日也。今在此題目之下所欲記述者如次。(一)京中人之心理(二)政界之現狀(三)袁總統之態度及論調(四)黄老派之戒嚴(五)報紙與黨會(六)國民黨之心理及地位(七)財政與外交(八)戰況略聞、諸君綜合而觀之、庶藉以知悉此慘淡黑闇之舞臺光景於一二、亦聊以贖吾罪已。

(右民國二年八月時報遠生「最近之北京」之冒頭)

新聞記事之冒頭文例、決不止右之七項、而右所區分之類別、亦未足云盡皆恰切、只聊舉之已耳。蓋黄遠生乃吾國天才的新聞家。其所作之新聞記事、全不背乎新聞記事製作之原則。而於冒頭之注力、在吾國中恐更尠見也。

又以上諸例、悉關乎國家之大記事。至普通雜報、則不必如是之鋪張、惟務使記事本文之首一二句或三五句、有力爲要。

二、明快

新聞記事貴能速讀、速讀云者、卽使讀者不費何等努力而能了解其意義之謂也。是以行文以明達暢快爲主旨。至於遣辭、雖無暇施推敲琢磨之工夫、然於大體亦決不可缺修飾之用意也。

三、簡潔

蒐集記事材料、固以應蒐盡蒐爲原則。而製作文稿、以應捨盡捨爲原則、卽簡潔是已。然此非將記事之骨子、赤裸裸露出之意、仍不可不與以豐潤之血肉及鮮麗之衣服。蓋簡潔者、剔除無用語句之謂、而新聞記事之趣味與其價值、仍必兩相均衡而後可也。

四、獨創

新聞記事中含否獨創的分子、卽優秀記者與凡庸記者之鑒定點。同一人物、同一事件、凡庸記者、常甘守腐套。而優秀記者、則必努力冀拔流俗之一頭地。卽對於事件之觀察正確精深、而記述之際、更取極清新又稍帶個性的筆調、是謂之獨創的分子。如黃遠生所作之新聞記事、幾乎逐字逐句俱有與衆不同之處、卽深得獨創的妙味者也。至如何可使記事中含獨創的分子、則法國自然主義之文藝大家弗路伯耳氏之言、良足爲法、其言曰、

欲描寫一切事物、先以充分之注意觀察之。觀察旣久、則他人所看不到、寫不到者、必能發見。縱在極細微之事物中、亦無不然。

五、指導

無論何種新聞記事、皆須具備多少實質的材料、足令讀者藉以博得若干之知識而後可。申言之、昔之新聞記事只所謂『新聞的。』今之新聞記事、則務使成『指導的。』『新聞的』云者、但傳播新事件而已。『指導的』云者、不限於『新、』亦未必盡屬『事件、』如傳染病發生、向醫學大家聽取預防談話之類。其目的在將少數人獲得之實在知識、報於多數人、俾知遵守。若空泛的理論及個人的感想、則不可用諸新聞記事。

六、客觀

記事之製作、其客觀態度之保持、較諸製作論說更爲切要、雖晚近新聞名家手出之記事、

帶多少主觀的色彩如遠生之記事之例。然其所帶之主觀、乃第三者之主觀、實際仍爲客觀。且此種帶主觀色彩之記事、乃屬於印象一派者。此派記事之作者殆以其頭作活動攝影之機械。影片攝得後、一一於報紙上演出之、且演且加以說明、而其地位常在影片之旁、並未置身於影片之中。然有時其人忽入影片之中者、乃爲表示其如何攝得此影片之計耳、其詳細及文例於後舉之。綜之、新聞記者無論在何時、何地、皆當嚴守第三者之地位、保客觀的態度、事件之主人、卽文章之主人、是爲一定不易之原則。

總括上舉之六要則而得相反之二條件。第一、以有限之篇幅、入無限之材料、故可捨卽捨、務求簡練。第二、爲引起讀者之感興計、當盡力夾敘味美之語句、期其生色。此二條件調和行之、卽新聞記事製作之總原則。

新聞記事之三大派別

敘事文之作法及類別　新聞記事之類別甚多、然大致可區爲次之三種。（一）委曲。(Full Report)（二）概要。(Outline)（三）印象。(Impression)試分論之。

一、委曲

委曲者、盡力求詳之謂、凡遇重大或特注人目事件、如國會之會議、名人之演說、國務總理施政方針之宣布、裁判所要案之開庭等類、用此等敍法、即速記體記事是也。英美報界如欲委曲記述重要演說時、在演說場中之各社訪事員、皆合組一速記團、輪番記述。其順序以抽籤法排之。每次二人、各有定時。例如、甲與乙記五分鐘後、丙丁立代之。斯際甲與乙退入別室翻譯速記、一人讀、一人書。書時係用一種極薄之透明紙、六七枚相重、而於其間夾以炭酸紙、同時可作六七通之原稿。記事中有懷疑處、則取雙方之速記錄而對照之。甲乙之翻譯既終、於是丙丁與戊己交代。戊己速記了、復以甲乙入替。團中有一團長、司報時間之經過於速記者、並整理譯成之速記錄。如是則演說畢、速記亦畢、甚且有逐節送赴各本社、比屆散會而大部分已揭出者、其敏疾可想見矣。唯世事繁賾之今日、無論何國何種報紙、靡不苦篇幅之狹隘。苟非極重要之演說、概不盡載全文。兼以印象派記事之流行、著名之記者、咸致力於印象一途。即如議會記事、近頃各國報界概於委曲之記事中、加描寫的文句、而本紀之外、更有近乎印象派之雜觀記事、大爲讀者所歡迎、而印板無活氣之速記錄、乃成政府公報之特有材料矣。又如裁判記事、往往只取其重要而有興趣之部分已耳。

委曲記事之文例、茲不舉之。

二、概要

事件苟無詳敘之必要、則祇記其大旨、是謂之概要之記述。然此種記述、亦有詳略精粗之區別、其詳者殆近乎委曲。質言之、概要與委曲、乃程度之相異、非種別之相異。事件大小輕重、千差萬別、因之記述之方法、亦自千差萬別耳。故概要記述之秘訣、在斟酌事件、使得其當、同時更須視篇幅之便宜。蓋材料擁擠、長記事往往短縮。材料缺乏、短記事又往往延長也。此中權衡、全操諸編輯長之方寸。

以演說記事例之、概要記述、有直接敘事、間接敘事、及直接間接混敘之三種。直接敘事云者、乃照演說者之原口氣而敘述者也、用此種敘法、通例將演說辭另起一行、低一格。亦有不另起行、而第以括弧括之者。更有另起一行、外加括弧於首尾者。間接敘事云者、則由記者口中代述演說者之語、爲極簡單之敘述。但純直接敘法、多用於委曲記事、如議會記事之類、或僅記一人之談話、如訪問記事等時、亦恆用之。一般交際、演說、諸會、或記訪問二人以上之談話時、大抵皆取間敘或直間混敘之法。直間混敘云者、即通體由間接敍法繁脈絡、主要之點則用直接敍法、此實至便而最普行之法也。茲舉間敍及直間混敍之數例於次。

甲、間接敍事之例

昨日本埠學術研究會總會、邀集在滬各會友假半淞園開茶話會、歡迎日本特別分會代表張萬中君、及新由英國返滬之李大年君。首由編輯部民鐸雜誌主任李石岑君致歡迎辭後、張君報告日本特別分會最近狀況、及與總會磋商一切事件。次由李君報告留歐特別分會組織之經過、及將來之希望。末復討論編譯叢書、及對於學術研究上種種進行方針。迨散會時、已鐘鳴六下矣。

（右錄昨年滬報『學術研究會之茶話會』記事之略）

乙、直接間接兩用之例

智利郵船於昨日抵埠、中國駐法陳公使及其眷屬附之而至。記者得至旅館晤談片刻。陳公使於一九〇三年至一九〇七年、留學巴黎。操純粹之法語、謂記者曰、『此第一次中國遣留學法國學生爲駐法公使也、此舉頗堪注意。我國對法感情大佳、皆知中法兩國公共利益之所在、兩國間宜彼此共知共解。余此次在法、嘗徧游各省、多觀工廠以廣見聞。余在中國起行之前、曾數謁貴國駐華公使保白、所有談論、於余之駐留貴國甚有益處。』陳公使幷談及中國民智上與法國之切近、謂『當余留學巴黎時、中國同學、殆不及十人、今則增至二千。與余同舟而至者、亦數百人、此種舉動、乃完全少年國民之自動、非由政府指使而然、今之欲求學於法國各大學者、比比是也。』記者提及班樂衛氏、陳公使謂『班樂衛氏之到北京也、余曾招待之。』次又談及中國社會情形與經濟狀況、陳公使言、『今大有進步、歐美報紙所言、不免過於其實。』復喜色相告曰、『余今日所得奉告者、中法兩國前途、非常佳善耳。』陳公使今晚六時三十五分離此赴巴黎矣。

（右錄昨年某報譯載『法國馬賽者報』『駐法公使陳籙到任記』之記事）

右記事中加旁點之語句、即間敍用語句也。

三、印象

晚近之著名記者、記述新聞記事、多流於印象一派、既如前述。蓋新聞社之特派通信員、投身於某種社會之漩渦中、記其見聞、如不塗多少主觀的色彩、往往不能寫出事件之眞相。第所謂主觀者、非個人妄逞何等空想、弄何等空談之謂、乃由記者純潔光明之腦中映得之材料、即所謂立體的觀察、曲線的描寫是也。而印象派之名目、於焉出矣。

新聞記者人也、讀者亦人也。則凡乾枯乏趣之事件、無論其爲記者、爲讀者、概難動起感興。故記者之感興動、讀者之感興亦動、非記者具有何種之魔力、乃人類共通的感興也。報紙揭載之演說記事中、其記入（笑）或（鼓掌）字樣之處、讀者必特別注目、是其例也。實言之、以一人之感爲基礎、而誘動他人之感、此卽印象派記事之作用也。

就事無不見物無不聞之處、本末敍述、乃一般新聞記事之製作法。而印象派記事、則更於事實之記錄中、加入生的樂味。其作法、則記事中之人物與記者、殆如交膝相語。讀者對之、亦大有身臨其境之趣。

報紙上之印象派記事、起自十九世紀中葉、距今不過五七十年耳。原始作者、爲從軍通信員。蓋從軍記者草戰爭記事、欲將各部隊之運動、一一實寫、非惟不能、且嫌枯乾。如當時『倫敦泰晤士』之拉塞爾、『倫敦德利紐斯』報之弗喔布斯及『倫敦德利德勒克拉夫』報之巴列等之軍事通信、悉生氣勃勃、趣味津津之印象派記事、有『戰爭文學』之稱。自是厥後之從軍記者、概師法之。誠以近世之戰爭、規模廣大、難由軍司令部得詳細材料、良不如以記者自身爲中心、描寫前後左右之見聞、以充通信。遂大受世人歡迎。而此派之記事、乃漸次流行於軍事通信以外矣。質言之、印象派記事、實成一種之『新聞文學』爲新聞記事中最有價値者。世人向多輕視新聞記事、而對於印象派記事、則無不刮目相待也。

現時東西報界更盛行一種『描寫記事』(Descriptive writing)此種記事、與印象主義同一血統。即委曲嫌其過長、概要又嫌其枯寂、遂用此描寫的敍法。如宴會記事、先敍陸續到會人員之情形、誰某先誰某後、爲何樣之應酬、誰爲中心人物、滑稽有趣之談話等、一一寫出。較諸只記概要、殊饒趣味、欲學印象派記事、最妙由此着手。

我國印象派新聞記事作家之第一人、厥爲黃遠生。蓋遠生所處爲政治漩渦、政治上之戰爭與軍事上之戰爭、其記事之印象筆法、殆殊途而同歸。况民國初年之北京政爭、其劇烈複雜、又爲吾四千年政治史上所未有者乎。遠生以己身作中心、以己頭作活動攝影之機械。於是汚濁宦海之波浪、窮形盡態、畢現紙上、而我國報紙上空前的印象派記事、乃因以產出。然遠生恒自謙、其記兩院預備會記事冒頭文之末有云『擾擾怱遽之狀、日俄旅順大激戰時、想亦不過爾爾也。記者愧無從軍記者之資格、以下特錄其大要耳。』只此寥寥數語、已寫了多少之印象矣。抑遠生手出之各種記事、不惟其本體多取印象主義、即記事之標題以印象爲主義者亦不少、當於次編之標題節述之。故謂遠生爲我新聞界印象派記事作家之第一人、諒非武斷之辭。遠生被害後、此種新聞記事、殆如鳳毛麟角之不一覯矣。玆區分軍事、政治、社交之三類、舉印象派記事之文例如次。

甲、軍事上印象派記事之例

印象派新聞記事、既原始於軍事通信、故欲舉其文例、當然以軍事通信列第一。其例即俄日戰役倫敦『德利德勒克拉夫』報特派從軍記者馬克曉氏寫鴨綠江戰爭當夜、日軍黑木本營光景之軍事通信也。標題爲『鴨綠江戰爭之後』盡印象主義之極致。茲直譯之。文中對於日軍不無諛阿之辭、蓋當時日軍檢信極苛、不如是恐難達其通信之目的、讀者分別觀之可也。其文云。

觀鴨綠江戰爭之後、予赴相近黑木大將司令部之義州、欲面晤嚴酷的原稿檢閱官、至則司令部已他徙、不知其所在。追蹤尋跡、甚非易事、然除此以外、實無別法。遂趨江之上流凡五哩之一橋之方面。伴予而策馬疾馳者、爲『紐約赫爾德』報之德威斯君。比抵橋、則聞司令部距此尚有四五哩。復馳向其地、而司令部又遷於八九里前之九連城矣。乃步涉靉河。至九連城時、已漸入暮境矣。途中到處見戰死者倒沙上。又入一野戰病院、目睹日本軍醫無敵我之別、爲負傷兵之治療。於九連城市街步行之際、一憲兵操英語呼予等、渠導予等至爲外國通信員特設之宿舍。予急繫馬、飛奔司令部、請求檢閱電報、此電僅寥寥二十語、蓋自戰地特許發送之第一次之電也。

司令部之光景、殆與戰場同。所謂司令部者、設於後有廢庭之中國式大宅第中。故初觸予之目者、爲壁間裝就刺刀之俄國軍械一大束、睇之、則無一而不染血痕者、有被中彈丸而裂者、又有一銃之柄受彈丸、彈丸中逸、雖不過一小穴、而該彈丸似通過樂匣、致使持銃者之手、負強烈之傷、歷歷以留其證據者。其右旁鹵獲大砲之彈丸、堆積如山。正看間、參謀長藤井少將來、告予等、謂黑木大將、欲於彼之廣庭、會見外國記者。予等面會黑木大將、此乃首次。由藤井參謀長一一向大將紹介、須臾輪及於予。但見大將軀不甚高。色棕黑。短髭覆上唇、其下結嚴格之口、喫堅硬之頭。其眼之黑、有似鼠巴元帥之愛嬌之點、而與顏之下部之莊重相殺。自為一種有力拔萃之貌、實架橋於鴨綠江、於歐州最良之兵固守之地點、送日本之兵而不畏之人。大將衣紺色之軍服、冠頂尖之軍帽、足穿草履。乘馬終日、想已疲憊、然莞爾而笑、不知有如何之愉快。與予相對之大將。謂迄今未會外國通信記者、殊覺愛念、第軍務倥偬、誠不獲已、常待其中之機會。予代表弓德利德勒格拉夫報向大將致大勝利之祝辭時、大將欣欣然舉手為禮。蓋彼此互為談話、有以大將作對手者、亦有捉藤井參謀頻訊是日之戰況者。

俄頃有如舞臺演劇之事發生。一不知姓名之高級士官風者、倉皇鞭撻汗馬、驟馳廣庭、躍身而下、直趨大將之前、急施敬禮、為云何之二言三言之日本語。聞報後之大將之顏、益現得意之色。周圍之參謀士官輩、皆忻忻相祝。雖不解其言辭、要必係極佳之消息。無何藤井少將來予等之旁、言刻下日軍追敵獲砲二十八門、虜將校二十名、兵卒數百。先刻所限二十語之電報、今蒙大將之允許、可更增二十語。於是予等再同呈祝辭於大將、即思盡此二十語之電報。

維時日已入暮、乃於此廣庭中焚篝火而團坐。火之一旁、為大將與幾人之幕僚。一旁則為外國通信員、匆忙書寫。環集其外者、則士官及兵卒也。宛如德打之戲畫。於火側吹烟草之一團、此往彼來之武官之姿、與夫火光劍影、悉映於壁間及天井之上、呈種種之奇形怪狀、此實永不可忘之光景也。予等正追懷已過之戰況、忽又於此不可忘之光景上、添一段之光彩、卽捕虜及負傷兵漸漸到着是已。捕虜既到、吾儕中解俄語者、向之有所訊問。第一所見者、爲哥薩克之喇叭卒。此快活好談之徒、身既入獄、尙時放輕蔑之眼。與人話、則小心翼翼、施敬禮、而從容自若、若復不可統御。欲於此等人口中探何種之材料、非極巧妙、恐難得也。參謀等之所見亦然。未幾而送於他處。

次到之捕虜、則與前者大異。乃騎兵之下士。可憐頭受極重之傷、胸腹更被中於彈丸。中國之苦力、舁之而來、其擔架恰置予居之火側。以德國語喃喃獨語、料必近於德意志國境地方者。其人復以手作勢、書十字架、眞覺由心底發出之一聲「我的父呀」且言且禱、喘息不已。負傷者之身、如何苦痛、欲不憫惻、而不能也。而此負傷者、忽又急呼「隊長閣」萩野大佐來以俄羅斯語慰之。此負傷者、絕類受傷之兒童、憂然於母之膝間、握大佐之手、發悽慘之口調「請來予的旁」之語、幾度反復、萩野大佐、徐放被握之手、傷者乃暫沈默。少頃、又彷彿思及故鄉殘留之妻或情婦而言曰、「呀！汝由何處來此。」既而更連呼「水水」予幸解「水」之日本語、遂告看守者、去未幾、水來。予盡力抱起傷者而支持之。看守之兵則以水遞傷者之唇。傷者以長而且深之口飲畢。予再橫之使臥。視之、則徐動其唇、如默禱者然。

此空地一面、盡是如斯之情勢。二三步前、司令部軍醫田村、施繃帶於重傷之一俄國士官、其傷乃彈丸自左臂貫胸、向右突出、此外手腕及右腿、亦有彈創、到底無救助之期望。別又有一俄兵之輕傷者、挺然而立。看守之日兵、使之臥、若不關。於是該日兵仰臥地上、示以臥狀、此疲極之負傷兵、遂會其意、而橫於距今二三小時前相對敵之日兵之側、漸如前柯去矣。

既而原稿檢閱官之準備完成、迅速受檢訖。然司令部無處理羅馬字電報之技師、至近須赴鴨綠江彼岸離義州數哩許之松江洞。門乘馬馳往。時既鐘過十下、伴四五之同業者、取最近之道、走砂原、鴨綠江第一之支流、無特別之困難、徒步涉過。但至第二支流、則渡船在彼岸、殊乏招致之術。適遇日兵數名、謂上流有乘馬可過之渡口、並引予等至其處。予與同行之法國大尉湯麥司氏作先騎、迨至中流、人馬忽全陷入。予乘係朝鮮馬、載人如予、游泳良難。轉瞬即將長沈乎江底、予乃捨馬躍水。幸遠鏡、手銃、背囊等物、俱遺置司令部、累身者、惟衣服與長靴耳。然而闇夜茫茫、睹兩岸而不見、唯逐流隨波、漸至淺所。予之馬、亦攫其毛、鳴其鼻而達於岸。湯麥司大尉及其他之同伴、均獲無恙。乃以淋漓之身而進。夜三時頃、始抵目的地。着原衣。履新履。送電報於軍用電信局而就寢榻、時已東方之將白矣。予為觀戰自晨刻至現在、整耗二十六小時。回憶今之一日、苦則苦矣、繼思得目擊於世界戰史上可永傳之最大戰鬥之一而懽忭不禁焉。

乙、政治上之印象派記事

政治上印象派記事之例、則左舉之黃遠生作『國會觀禮日雜感』庶幾近之。

入場時旁聽者分齎白票、齎者登樓左側、白者右側。特別席及外賓席、坐中側。記者入場、時九時三十分許。樓下之左側議員、殊寥寥。一老者、方兀坐而睡、鬚髮蒼白、想必此最年長、有主席之資格者也。忽來一人促之、詢其貴庚、答六十六。及舉出主席、乃雲南人楊瓊君、年七十一。此等老議員、與大半意氣揚揚之新少年、並坐一堂、其思想之懸隔、亦必甚巳。

議員十有七八服西式禮服、戴高冠、卽所謂服飾克可脫、與彿羅克哈脫是也。十二三乃服對襟馬褂、有極舊敝者。觀其服式之異、而黨派之別見焉。記者自有生以來、未見如許之戴外國高帽子者也。

議場椅子、皆緊釘於議棹之後、前後相倚。墨盒亦以銅釘釘置棹上、此本報記者某君所稱德國工程師豫防議場相打之計畫也。

新議員彼此面生不相識。其就同席而坐者、大半為其同黨而兼同鄉之人。記者頗須研究今日政客心理、未識同黨與同鄉孰重、蓋二者並重耶。

樓下坐側中、議員陸續而至。此中以民主黨議員占多數、湯化龍君、孫伯蘭君、林長民君、梁善濟君、蓋民主黨之中堅、並坐相倚。余笑語某君、觀民主黨人之獨就僻所、卽可知其黨之冷僻成性矣。

議場中國民黨中堅某君某君、頗往來周旋本黨新議員。民主黨、共和黨之幹事、則偶聚相話者多。蓋以黨界論、卽此種狀觀之、蓋國民黨勝一籌也。

報告及贊禮、以國會事務局局員顧鰲為之。顧君聲音洪亮、過於施愚君、頗稱其職、 惟其於諸議員脫帽鞠躬之後、指揮奏樂、亦仿西式、以帽示之、帽舉則樂奏、諸議員誤會此亦贊禮之一種、亦卽舉帽、顧為旁觀譁笑、亦一趣也。

旁聽席上粉白黛綠者、雜坐其中。蓋議場之先、有兩女子招於級上向某議員拍手嬉笑、意此爲贊成參政權之議員耶。其靜坐而注視者、則議員之平和的夫人、特來視其嬌婿者也。因悟偵探術、大是易事。

旁聽席中以商人爲最少數、蓋幾於無之、足見潮流之所及不廣、此一憂也。席中見李準君金冠軍服、大爲席上添一光彩。

梁士詒致頌詞、並不宣讀、將詞置於几上即去。大爲內外所怪。聞係張耀曾阻止、謂以免政府與議員之混淆。即總統之出席、亦係國民黨人所勸、未知確否。

國務員除劉揆一氏在天津外。餘一一到院。海陸軍總長均軍服。餘均禮服。惟趙總理獨穿馬褂、神情活潑、牙痛似已愈。陳振先最年少、亦已留鬚矣。

許世英最矮、矮人觀場、即謂此歟。

國員、政府特派員、議員、齊向國旗行三鞠躬禮時、態度肅穆、滿場一致、共和國之神聖莊嚴、於此時乃見其氣象。

大總統席置於議長之後、位置中間。先此本擬抬高尺許、劉崇佑等反對、謂共和國不應有此、總統席次當在國務員前。德工程師反對、謂議員僅人民代表、總統爲一國代表、不可不略居高位。此工程師無疑是政府派也。

政府派之總統府顧問鐸爾孟、（法人）板倉、（日人）亦在旁聽席、顧二君不與外賓同席、而雜坐普通旁聽席上、蓋不欲其毛色之示異於中國人也。鐸君操北京話、儼一北京人。

未開院前、三四議員、紛紛在議塲吃烟、旁聽席上有人大憤懣之、足見今日人心對於議員監督之嚴、若能持此心理、以政治監督議員、則何遜於文明國之院外團。

席上遇一滑稽家、謂今日乃捐班到任、又謂我到底佩服前淸、他說宣統五年開國會、畢竟是宣統五年開國會。其口調乃大似宗社黨。

丙、　社交上之印象派記事

社交上之印象派記事、姑以遠生『躪日日記』之一節爲例、舉如次。

（前略）入迎賓館之門、則見孫總長寶琦、曹次長汝霖、分立而肅客、一一握手。其右側、則比較的舊式之孫夫人、比較的新式之曹夫人在焉、一一握手。記者與貴婦人之握手、自某日陸子欣夫人外、至此爲第二次矣。孫總長語余、是日天安門閱兵、成績極佳、外賓甚欣賞、閱後約余（孫君自謂）同往照一相爲紀念。敬語後、余乃退入客座、則見峨冠而博服者——勳章纍纍者——金裝而佩刀者——玉冠霞裳擧步而搖者、已組織而成一人每令人有人間何世之感也。

是日各國務員及大抵之高等官、並得授勳章不等。故華人中除吾曹白丁者外、大抵皆佩服纍纍然。吾入時、見汪教育總長、正與一人論勳章當內束或外束事、謂晤熊總理、云見一書、當內束、而陸子欣云當外束、後有人云見一書、有時可內束可外束、聞者爲之閧然。

後乃相率入樓、電光炯爛、照耀人身之金裝、併成異色。余入一室、與一友人論一事。見有醫目之一西洋人、扶一相者而入、友人告我曰、此滙豐之總支配人、綜攬東洋財政之大樞、其目即以銀行故而有疾者也。嗚呼、余望之不盲者愧死矣。

樓上音樂大作、貴賓男女各合而跳舞。凡跳舞男女各一、然不得夫婦自為之、必求其所熟識之男或女為之、無者則介而求之。——凡跳舞人一堂中共數組、或十數組。隨音樂低昂、不得亂節。——凡跳舞之婦、大抵袒半臂、男者不得觸其胸、觸其裙、否則大失敬。——凡跳舞有種種名、今夜所演者、大抵兩步轉法、或三步轉法、謂兩步一轉身、三步一轉身也。

一友為之大悰服曰、西洋禮法最佳。此等社交、樂而有禮。男女和合、故最能怡悅心情。較之中國人每會必為牧豬奴等戲者大異矣。故必此等社交發達、而後風俗移易。此醉心歐化者之說也。

是日跳舞蓋十數次、凡一次以音樂一節為起訖、某西洋派云、是日音樂太俗、故不能極跳舞之妙也。

華婦中以謝天保(西醫)之夫人跳舞最多。男子中則見外交部參事顧維鈞(即唐紹儀之東床)亦時上下其間。日本夫人中則水野參事官之夫人與一西洋兵官合組。劉成禺之夫人、亦在其內、劉夫人乃美籍也。

劉君語我、彼在美國學跳舞三月不成、其師罷去。余笑語以君體段而可跳舞、則眞天下無難事矣。劉君極魁梧、而其夫人極清臞、余頗恨是日陸子欣夫婦未到、蓋陸君極清臞、而其夫人極肥碩。(法國籍)與劉君夫婦正天然一絕好對照也。陸君是日為總統就任時之大禮官、或因贊禮勤勞、閒不赴席歟。

中國貴夫人中之至者、有顧維鈞夫人、即唐紹儀女公子、唐在禮夫人、謝天保夫人、其他余多不識、蓋皆社交界之花也。梁士詒偕其夫人後至、其夫人仍舊式服飾、女公子後焉、大有老氣橫秋之概。樓上下皆置食堂、任客立食、取之不盡、用之不竭、與武英殿中茶會大異、畢竟是外交部外交能手也。此室至十二時後乃紛紛散去。歸而酣睡、夢見種種、以是日一日生活最爲複雜故也。（後略）

第三節　特殊文

特殊文發生之原因及種類

特殊文之性質及其種類　自通信及印刷事業進化以來、新聞社若僅以傳播時事爲宗旨、則決難以生存、此要義之先覺者厥爲英美。（詳見附編）於是有所謂特殊文。(Special Articles) 日本新聞界久已致力於此。我國則近數年來亦重視之。特殊文者、不必爲時事新聞之材料、乃一社特有之文也、種類甚多、如小說、詩歌、軼聞、隨筆、旅行記、冒險談、通俗科學、世界事情、人物傳記、以及各種專門論文等、悉屬之。

特殊文之執筆者

特殊文之執筆者、並不限於社內記者、大抵賴諸社外一般文人學子、社內與以相當之報酬。而社內記者之作特殊文者、歐美規例、皆於本俸之外、加給稿費、日本亦然。

署名文

特殊文必署作者之名、故又稱署名文。(Signed Article) 歐美記者及一般文人學士多以作此類文字爲一種之榮譽焉。

特殊文製作之要則　特殊文之製作、無論其爲專論、爲小品、而以揭載於報紙貢諸公衆爲目的、故左列之五要則、不可不遵守之。

特殊文製作之五要則

一、適度之長短

特殊文須有適度之長短、英美報紙以一回完結者、以一欄前後（約自千五百字至二千字）爲定則、其分回連載者、至多亦不逾一星期。蓋過短既不足饜讀者之望、過長不免疲讀者之目、以小說言之、我國及日本報紙中、往往有連續數月之長篇、英美報界、則不喜之。其理由、以爲忙碌之讀者決無是等思考之暇隙、反之如短篇小說、則可長新讀者之耳目、而短期讀者、亦易得窺其全豹也。

二、通俗

報紙之文字、以多數讀者爲對手、非以少數專門家爲對手、故貴通俗、即施耐菴所謂『無賢無愚無不能讀』者是也。歐美報紙中之特殊文、如科學談之類、皆以淺顯有趣之筆述之、專門家視之、雖不足道、而一般人之頭腦中、則被灌多少之知識。故歐美稱此種文字為『安樂椅上之科學』云。

三、 調味

新聞記事、僅內容充實、不足以動讀者之感興、故必加若干之材料、以調其味、是為製作之要則、前既言之、而於特殊文尤然。譬之與兒童以藥、無喜食之者、以糖和之、則不覺入其口矣、此即調味之作用也。

四、 人生的色彩

特殊文更須映帶許多人間生活的色彩、例如無端揭載氣流之講演、則顧聞者少。若值飛行機墜落、駕駛者慘死之際、說氣流與航空之關係、則人必爭讀之。氣候變化時、說生理衛生上之必要、當無不歡迎者。又如旅行記、若專以描寫山水景色為主旨、或僅攷究山峯名稱、河流沿革、而鮮道及政治風俗民情者、亦不適合於報紙。不甯惟是、報紙中一切文字、概不可不使與人類、社會、時代之各方面相接觸、即以社會實際上之利害為著眼、非只限於特殊文也。

五、 分段

最後之注意、則分段是已、此有兩種之便利、第一、便於閱覽。第二、便於排版。我國舊時代之文章、於紙面上之組織、皆取連貫混一制、而於報紙上之文字、至今仍有不分段落者。小說之製作、仍有守章回舊體而不細分段落者。此甚不合乎報紙編製之原則、不可不急求改革也。又起首一段、力戒乾枯平凡。而結尾一段、尤宜簡單明快、否則恐有減殺全篇重量之虞。

特殊文之一好例

我國報紙中之特殊文、如關於文學上之文字、其記述之對象、大都與吾人之實生活距離甚遠。周作人君致某君書、引『不食人間烟火食』一語以批評之、可稱洽切。至於特殊文中占重要地位之遊記、則又大都屬於美國某新聞家所謂『指南派』者、而就專記虛浮的聯語、不寫眞實的景趣之點上言之、又可以名之爲『聯語派』。編者於五年前屬稿之際、卽苦心蒐求適合右述條件之一種遊記、去年始得之於『晨報』、則孫福熙君之『赴法途中漫畫』是已、既具藝術的元素、更富人生的色彩、實吾國報紙上空前之作、大可藉以示範也。玆摘錄其遊西貢市街及公園之一段如次。

二十一日六時、太陽漸從海水邊浮起來、使我們看得出西邊秘密的小島 八時以後、船行漸緩了。四望都是水川、沒有較高的地。江水曲折、闊也不過十餘丈了。這已到西貢了。

田中全是綠葉的小樹、認不出是什麽。過了一回、見有棕櫚之類、夾植其間。

大家立在艙面上滿著希望、兩三人或五六人聚集著、各人講關於西貢或安南的事情。這種都是從他人的談話裏聽來、或從記載上看來的。但也有幾人用很堅決的語氣說安南多雨的、居民很懶的。

十時船攏碼頭、從梯子走下去、就是岸了、不必用撥船的。未攏以前、船上與岸上的人多用望遠鏡對望、有的於望過之後、舉起他的帽、或搖動他的手帕、面上滿是快樂。

許多人互相招呼說拿好護照、但下船上船都不檢驗。

我走到街市間、我聯想到上海、但頃刻間又想到還是以日本東京來比擬恰當點。樹蔭下日中的氣溫在八十六度。而如此高大的樹、既能遮住上面來的日光、又不遮住旁面來的空氣。我在街中行走、覺得不稍暈眩、因爲很不喧擾。又覺得不稍厭倦、因爲很不齷齪。

在這樣高溫度而且潮溼的空氣中、保持清潔自然是比較的更難一點。而且菓子如此之多、他的皮核、都是微菌的好食料。然而並不覺得腐敗後薰蒸起來的氣味。早晨七時、見有一汽車上跳下來一個工人、將放在步道上的木桶中的拉圾倒入汽車大桶中、載之而走了。這樣木桶、很像斛、但只有二分之一之大。

每一個地方、風俗出產的特點、必定不很多的、每必甲項與甲地相同、而乙項與乙地相同。爲了這個緣故、使我要來與某地某地相比。

最使我注意的、是工人的帽子。這是用芭蕉葉做的、形狀爲凹錐體的、與北京法國使館的守門者與上海法租界所謂越捕所帶的一樣。

女子頭上多蓋一塊布。這與男子的帽一樣的作用。否則必攜帶紙傘或布傘、或如傘大的箬帽。 普通的男子、都帶西洋式的帽子。間或沒有樹的地方、忍不住任日光射在頭上、所以必須有所遮蔽的。

他們的衣服、都是單的。普通的材料、是黑的點梅紗。男子的衣長、將到膝蓋骨、女子則過膝、都是左襟的。短衣男女都有、多是對襟的。

男女一樣的大脚口的褲、一樣的不着鞋襪、不受約束、赤足居多、日中著上木屐。因爲不着鞋襪、不受約束、 所以足趾間有很大的空處、足趾又都是圓的。中國不常穿着鞋襪的農夫、也是如此。但聽說二月較涼時、 他們也着鞋襪。

他們的面貌狀態、與中國人沒有什麼不同。女子也結髮掛在後腦腔外、但沒有什麼變化的式樣、更沒有一點飾物的。男子多剪去了的、四五十歲的人、或者也如女子的結着。

較大的商鋪等、都有電扇飛轉。街上賣汽水的很多、也有敲冰成屑、冲入水內、如北京的樣子。也有人擎着芭蕉葉、破蒲席、睡在步道僻近的地方的。

我旅行到一處、必參觀其小菜場。培根以小菜場比語言、稱爲四蔽之一、固然很不錯。 但我也要以小菜場比狄德羅(Diderot)的百科全書。

小菜場的面積約一百方丈。形狀是正方的。每邊有門五、前門直達後門、左門直達右門、都能走路。全面積是四門得十的。而沿走路、都有水溝、上覆有細孔的鐵板、而自來水機關、也在其間、分布得很密。

場中菜蔬占三分之一的面積。菜蔬的種類太多了、使我認不清、記不住。我所認得清、記得住的、有韭、芋、春筍、冬筍、青瓜、白菜 芥菜、茄子、蒲瓜、香菜、蒜頭、椰子、蘿蔔、檳榔等。我看了這種菜蔬之後、我不能在西貢境內把現在究竟是什麼節氣記憶清楚。

場中相類的貨物、聚在一處。南部爲菜蔬和魚蝦。東爲肉和熟食、如稻香村、陸稿薦的樣子。更東爲汽水酒類和麵包、麵包之北爲雞、鴨、鵝和兔。北部爲布匹與雜貨。中部則爲鹹魚和乾果。此外除兩個書舖外、大都是菜蔬的範圍了。

書舖一家是賣小調戲曲的、夾着幾部不完全的綱鑑易知錄和本草綱目等。這種小調都是廣州出版的、不見有安南的。一家是用羅馬文拼安南語音的歌謠小說、但所有的如南京北京傳、第六才子等等、都是中國材料罷了。

豆腐和油煎豆腐一二家、乾的紫菜和濕的線粉數家、但顧客較少。

南門口賣花女很多、他們的造花術、還可與日本相比。花的種類之多、正與菜蔬一樣。我在這市場中買了幾本小曲、其一本名四季蘭花的、曲中有一段說。

那桃紅和雪白兩旁開放、牡丹花眞是香國稱王、素心蘭與梅桂、分外清香、金鳳花一朵朵各自朝陽。那芙蓉好比美人模樣、素馨花與茉莉伴作海棠、長春桂他生來高長大漢、雞冠花、紅杏櫻燦爛輝煌。

這段話原是寫廣東的、但在更熱的西貢、自然更甚了。我把花開花謝有月令的觀念、從此打破了。

場的四周、都留空地、南面更是數百方丈的廣場。在廣場中抬頭望見大時鐘、我到這裏、正聽他敲七響。場的北面有很大的街市。廣場前爲小火車三路之總匯處。來市買菜者、攜着竹籃、紛紛來往。竹籃爲半球形的、無柄、攜取的時候、以手臂挾在腋下、紅綠的肉與菜、微露在籃的口外。

我在街上不能走遠、黃黑顏面戴紅帽的印度人開的雜貨布匹舖很多、可是我不能與他們發生關係。中國人的商舖也很多、但聽不懂話、寫字也得不到什麼好答案。而且說法郎在此地不能適用。

一家麵包舖子的廣東人商夥、引導我到一家印度人的雜貨舖、兌換貨幣。每十法郎換西貢銀一元又十占、(Cent) 占是圓的百分之一、是有圓孔的銅圓。更有十占二十占鍍銀的銅幣。我問他公園在那裏、他說、「從此地雇人力車去、等至遊完再回來、每輛約三毫。馬車四五毫也夠了。」我們四人就要他代雇馬車。有一位曾到過北京的人、問他門券若干、他的心中因爲我說「聽說西貢公園是很好的」一句話、預備出中央公園城南游藝園幾倍的錢、然而那位廣東夥友急忙的說「這不要錢的。」一位曾經久住上海的人、也很以有這樣的事體爲怪。臨走時、那位夥友再三說「裏是 Boulevard Charner、車資四毫、回來時給他好了。」這店舖名振泰、離輪船碼頭約半里。

車行二十分鐘就到公園了、地在西班牙路的盧梭路。

我們在車中望見樹林漸高大茂密了、及下車、則已在公園內了。游至一處、見民房了、又進、更是街道了。我們不能認清何處是公園的邊界、他沒有「什麼公園」和「什麼公園後門」的字樣或門牌、使我們認得出來。公園內只要不妨害草地、汽車、馬車、人力車、自行車、都可進去、不受限制的。

每種動植物、都標明名稱、類、產地。動物則更有標本畫、以便對照。這種情形、可知其不僅為了娛樂居奇罷了。什麼菲頭蓮菊花會、野人頭之類、算得什麼呵？然而我也知道所稱贊他們的、都是應有的、並不比別處的有什麼特長。

公園的中央是動物院、後方是花房、餘則因地制宜、種植各種植物、而間以一所一所的各種動物。

我以前看見熱帶動植物、因為氣候的關係、總不免有些不自然。現在所見的、是生活在適應的土地和氣候中、他們強悍的性情、自然更足刺激我們的感覺了。

植物比動物更利害、櫚科的最多。四五丈高的椰子、從挺直的樹頂上垂下每片二三丈長的葉子和大小無數的果實、這種果實、是半尺餘直徑的圓球。一二丈高的大鐵蕉、掌狀葉射出葉脈的棕櫚。更有扇狀葉灌木的、種類更是繁複、葉可做扇的、也是他們中的一種。羽狀複葉簇生細果的檳榔、也高至三丈。

二丈餘的仙人掌、滿生老刺。低小的竹、長出尺餘長的葉。黃幹綠紋的、非常高大、而葉長不過一寸。

其餘開紅色甜密香氣的花、結堅硬木質的果的喬木、長着光滑濃綠而橢圓形的葉、垂着細小茂密而成穗的花纍、或生粗長的針刺、抵禦害他的動物、或是細軟的氣根、吸收空氣中的水分。可惜我沒有植物知識、更不是記憶、不能將他們的名稱和性狀寫出來。但各種薔薇和池中開紅花結蓮蓬的荷花、卻是我腦中留着很深的印象的。

有一種動物最使人注意、就是象。給他果子、要他 Merci、(謝謝)他就一跪。有人給他銅幣、就用鼻捲了、擲向在旁的守果子舖者購買。有人給他不能吃的東西、他就用鼻向自來水機頭、吸水噴人。但被噴的不是白人、因爲擲這種東西的人、總也不是白人。

人都稱贊這象的技能、而不知他已失了應有的技能。人說他可不憂無食、而不知這正是可憂之至。

在花葉間飛舞的各種顏色各種形狀的蝴蝶、眞顯出樂意、這不是誰要他在這裏這樣飛舞的、也沒有誰不許他在這裏這樣飛舞、然而我們與他們自己都情願他們在這裏這樣飛舞。

第四節　趣味文

趣味文之性質及其種類　趣味文(Human interest stories)者、以趣味爲本位之新聞記事也。普通新聞記事之大目的、在傳播時事。趣味文字則多有與時事毫無關涉者、惟其所據、仍爲事實耳。至其種類、殊難一一指出、大抵因事而異、時而爲喜劇、時而爲悲劇、時而爲滑稽劇。質言之、此種記事、殆包含多少人生情感於其中也。一般閱報者、常隨所好而選擇、已所厭者、決不顧之、而對於包含人生情感之趣味記事、則未有不愛讀者也。

包含人生情感之文字

包含人生情感之趣味文字、新聞記者每日出蒐材料時、可隨處得之。世間一切之零零碎碎、若以之作正式的新聞記事、或不過一二三行之價值、而以趣味文字之見地觀察之、則大

人類精神上之慰安

有豐富之內容。歐美記者常作關於各種動物之記事、即如動物園之訪問、將滑稽之猿、莊嚴之虎、與夫天眞悠悠之象、酣夢沈沈之獅等、輕快敍述、居然一二欄之趣味記事、堂堂六尺之夫、輒瞪目而凝視之、蓋求精神上之慰安、乃人類通具之性質也。

趣味文之內容

近年我國報界、亦甚注意趣味文、盛闢專欄以容納之、第有認卑猥荒唐一類之記事爲有趣味者、誤也、此種記事之作用、止能傷風敗俗、實無趣味之可言。蓋所謂趣味文者、非惟不可引起讀者邪惡之慾念、亦不可僅使供純粹之娛樂、必其中含蓄多少敎導之意、方爲正鵠也。

髣髴短篇小說

趣味文之體裁　趣味文之製作、於普通記事製作之要則以外、須施少許文學的手法、髣髴短篇小說。冒頭易擇一種特奇之筆調、於內容、或敍會話、或寫暗示、均聽作者之便。第悲哀往往流於誇張、滑稽則動成無價値之戲談、是不可不愼耳。

第四編　編輯

第一章　概說

機能之原動力

編輯部與報社之關係　報紙之主務在編輯、故爲報社業務機能之原動力者、編輯部也。編輯部之在新聞社、猶如吾人之神經系、新聞事業之所以異於尋常營業而具極高之權威者、賴有此耳。故欲得健全之報紙、必先有健全之編輯部、是爲新聞事業成立之第一元素。

提供最良之編輯部組織及編輯法

本編之要旨　報社之編輯部、當以何種組織爲完善乎、吾人編輯報紙、果應採用何種法則乎、對於此問、頗難下確切之答案。蓋現世各國報社編輯部之組織及其編輯報紙之法、不惟國與國異、卽在一國之中、亦屬不盡一致。然而如何迅速蒐集新發生之事實、如何揭櫫紙上、捕捉讀者之目、如何使有限之篇幅、納多量之材料、並設法潤澤乾枯之紙面、凡此數點、則固無東無西、無不相合也。本書乃以實用爲目的、故本編之主旨卽不外提供最良之編輯部組織及編輯法於我新聞界。——就形體上言之、我宜略仿於日。就內容言之、我應取法乎美。是以羅舉日美報社之編輯部而解剖之。至於新聞材料之蒐集、整理、上梓諸事、美日皆有其特長、則分別抉出。要之、本編爲本書重要之一篇、讀者諸君、幸注意焉。

第二章　編輯部之組織

第一節　日本報社之編輯部

東京大阪之五大報社

主要之幹部　日本報社之編輯組織、因社而異。今以東京大阪數大報社爲例、其編輯幹部如次。

一、東京朝日新聞

編輯長
- 政治經濟部長（編輯長兼）
- 調查部長
- 社會部長
- 外報部長

二、萬朝報

社長兼主筆——編輯長
- 硬派主任
- 軟派主任

三、都新聞

社長
- 硬派主任
- 一面主任
- 軟派主任

四、大阪朝日新聞

編輯長
- 整理部長
- 外報部長
- 社會部長
- 通信部長
- 經濟部長
- 調查部長

五、大阪每日新聞

- 學藝部長
- 內國通信部長

主幹——副主幹
- 外國通信部長
- 社會部長
- 聯絡部長
- 經濟部長
- 整理部長

以上爲編輯部之蒸幹、各部長隸屬於編輯長。部長之下、置若干之部員。至各社之異點。東京『萬朝』則於編輯長之上、別置主筆、乃專撰論說者。其他數社之論說、大抵由編輯長及各部長分任之。卽就『東京朝日』言之、政治經濟部長、司撰述關於政治經濟之論說、而外交上之論說、則多出自外報部長之手。更有與社外名人訂約撰著者。至關於常務訪事員之分派、在昔亦有特設專部者、今則由政治及社會兩部長直接分派矣。又調查部及學藝部之獨立、實爲『朝日』及『大阪每日』之特色。

政治經濟部長、又以『二面主任』或『硬派主任』稱之。社會部長、又以『三面主任』或『軟派主任』稱之。『面』者、即報紙之一丕基——我國報界之所謂『版』——是也。而編輯載有論說之一面者、則又有『一面主任』之名目。蓋昔年日本報紙、每日僅出一大張——四面。第一面爲論評文藝、二面爲政治經濟之記事、三面乃社會雜事、謂之『各面割據主義。』今日雖多日出八面、而此割據主義仍未稍變。『一面』『二面』『三面』及『硬派』『軟派』諸稱謂、已成日本報界之熟語名辭矣。

編輯部內既分硬軟兩派、而各訪事員亦分硬軟兩派、此爲他國報社所未有、其弊甚多、於後論之。

主要之六部

幹部之解剖　茲更解剖前舉諸社之編輯幹部、並述其性質。

一、　主筆及編輯長

日本之主筆、爲社中最有權威者、其職務不僅專撰論評、尙直接間接監督編輯全部、或代社主而統轄一社。主筆之下、有特置論說記者三數名、形成一論說專部者。有不特置論說記者、而以他部記者分任其事者。又有以一人而兼理主筆及編輯長二職者。更有不設主筆者。要之、日本報社主筆及編輯長之職務權限、殊不一致也。

二、　政治經濟部

政治經濟部、爲編輯部之脊髓、卽所謂『硬派』是已。其所處理者、大都世界、國家之問題。分而言之、屬於政治部者、如軍事、外交、交通、教育之類。經濟部則以國家財政爲主體、以次推及民間各種之經濟機關、如銀行、公司、交易所等、凡有關理財之事項悉屬之。

政治經濟部長之下、置若干名之編輯佐理及常務訪事員。至訪事員之人數及配置、各社不同。大社之常務訪事員、則內閣一名、政黨本部各一名、外務、財政、陸、海軍諸部及參謀本部等處各一名。有以一人而擔任數處者、是蓋社資豐嗇之問題。統政治經濟部之編輯訪事人員而計之、東京各社、自十名至三十餘名。

政治經濟部長、除在編輯部服務外、亦恒利用餘晷、訪問各方面主要人物、而重大事件發生、或躬臨前陣、指揮部下各訪事員、其勞苦殊甚焉。

政治部中最重要之記者、爲議會記者、然無置專員者、大抵於開會期間、由出入各政黨本部之訪事員兼任之。

三、社會部

社會部者、卽所謂『軟派』是也。其地位雖與政治經濟部同隸屬於編輯長、而實際所受之待遇、比諸政治經濟部、殊有軒輊、而於社會部之訪事員爲尤甚。（詳見次段）至其組織及人數、均無異於政治經濟部。屬於此部之訪事員之活動、與政治經濟部之訪事員、全異其途徑。彼等出入之場所、爲裁判所、市政廳、警察署、監獄、軍營、天文台、大旅館、俱樂部、車站、公園、劇場、學校、病院以及各種慈善團體等。有一人而擔任數處者。有一處而數人分擔者。如裁判所開庭、一人往往不濟事。反之如天文台者、亦未必常置專員也。

社會部記事之編輯法、純倣美國、以技巧多趣爲方針。故爲社會部長者、必皆具有相當手腕與經驗者。於編輯上所費之苦心、殊甚於政治經濟部。然以吾輩觀之、尚有種種之缺點。（詳見後）

四、一面編輯部及學藝部

一面編輯部者、卽從事論說一面以內之編輯者也。學藝部者、如其名之所示、卽以灌輸、紹介新學術、新文化爲職者也。此實含有重要性質之二部也。

一面編輯部與政治經濟部處對立之地位者、如前舉之『都新聞』是也。學藝部獨立於編輯部中者、則僅『大阪每日新聞』及其支社之『東京日日新聞』而已。其他有以一面記者、擔任學藝方面之事者。有以主筆之佐理、擔任一面之編輯者。

一面編輯記者、大抵由二三名以至五七名。其所任之事項、略舉如次。

一、關於時事及學藝上之問題、向專門家訪問。

一、外國新聞雜誌之翻譯。

一、新刊紹介。

一、文藝論評。

日本報界之識者、恆歎其學藝材料之不足、今正於此方面注力、並盛唱學藝部之獨立焉。

五、通信部及外報部

淸日戰爭前後之日本報紙、概爲郵務通信所塡充。卽戰爭記事、亦係由郵遞送。庚子拳亂之際、事件之大部、早已憑藉電線矣。洎俄日之戰、通信機關、始大發達。若夫現在、殆以電報電話爲本位。郵務通信、已成過去之時代矣。雖然、海外電報、尚頗幼穉。置特派員於歐美要地者、居極少數。仍以英之路透、美之聯合各大通信社、作海外通信機關。惟於我國北京、則各社大都悉置相當人員。又觀前表、設通信專部者、僅『每日』『朝日』二社。『每日』且分內國、外國爲兩部。蓋於歐美要地置特派員者、亦惟該兩社有之。

至其本國內之通信、各社除遇重大事件、臨時特派專員外、亦鮮有常置專員者。惟全國各城鎮、幾無不有一二種之報紙。故東京大阪諸社、多省却特派專員之手數、而與各地方報聯絡。或委託各地方記者、付以若干俸給及電報、電話等費、使通消息。

通信部長之職責、卽察閱、蒐集各處寄來之電報及通信員委託員之配置、指示、處理、交涉等事。日本新聞社以自社特派員不多、故通信部長之手腕、尙未能十分運用也。

與通信部性質相同、而其任務則稍殊者、外報部（又稱翻譯部）是也。此部人員之職責、專譯由外國寄來之電報及外國報紙、雜誌等。外報部之獨立者、祇『東京朝日』『大阪朝日』數社而已。其他報社之外報翻譯、多以所謂硬派記者任之。

六、　調查部

某某官職發表、或某名人逝去、揭出記事同時載其人之肖像及履歷。某船沈沒、則附記其噸數及進水年月船長氏名等、爲歐美報紙之通例、日本報紙亦善爲之、此調查部之作用也。然日本報社之有調查部者、止『朝日』一社、已如前記。其他各社、非不注重調查、惟其事統由別部兼理、尙未成具體的獨立於編輯部中耳。又『朝日』之調查部、據其部長杉村氏之著書所述、比諸歐美、亦僅稍具雛形。故遇重大事件發生、或大人物之出世、死亡、其所需材料、猶須勞常務訪事員之手足。至調查部之地位及其組織、於次章述之。

此外關於寫眞、繪畫諸事、各社雖皆未置專部、然必有一二名之寫眞員及畫家。惟所謂寫眞員者、多僅具技術上之能力、其堪身列於堂堂記者之林者、誠屬罕覯。又有『寫眞通信社』乃專以寫眞供給報社爲業者。要之、此方面事、日本報界、皆競爲之也。

硬軟分派之四大弊害

硬軟分派之弊害　日本報社編輯各部之構造、既大略說明。今更論其硬軟分派之弊害。第一、於新聞社經濟上之妨礙。例如以十人而可組成之編輯幹部、因有硬軟派之區分、至少要十五人、而所需之常務訪事員、亦須倍增、其影響於報社財政者殊大也。第二、於事業進行及觀察自由上之妨礙。『軟』之一字、含有多少輕蔑意味。不惟爲一般社會所輕蔑、卽同屬社員之硬派記者對之、亦動加白眼。故有時兩派反目、其結果、失雙方之聯絡、因之惹起無謂之紛擾。如昔年東京大正博覽會開幕、與東京市府有關之硬派記者、欲獨得免費入場劵、而軟派記者以博覽會絕不屬於硬派、兩派之間、互生議論、其在平素兩派不洽之社爲尤甚。又如海軍收賄事件、固屬於硬派記者之範圍。惟裁判所記事、爲軟派記者之職責。究應付諸何派、一時各社、煞費躊躇。有兩派齊出者、所獲材料、則分面揭載、如非一事。尤奇者、國會行開幕禮、記莊嚴之儀典者、屬硬派、寫議員之狀態者、屬軟派、責任之分野、愈難明瞭矣。抑無論政治、經濟、婚、喪、冠、祭、水、火、盜、賊、天災、地變、凡屬社會發生事件、苟觸新聞記者之目、皆當即下銳敏的觀察、不容寸刻之猶豫。又所謂事件者、雖有種類之不同、決無派別之差異。故歐美報社、關於軍事、財政、運動、競技等事、槪使專門記者承擔、於事業進行上、無滯礙之可慮。而日本報社以硬軟界限區劃之嚴密、並兩派記者之不相融洽、硬派記者遂不屑爲軟派之記事、而軟派記者亦難望硬派之項背、個人觀察之自由、乃於無形中受酷烈之拘束焉。第三、於新聞記者地位上之妨礙。新聞記者必須具備高等知識、否則斷難受社會之尊敬。而記者知識中之不可缺者、則爲政治經濟之知識。換言之、於政治經濟上無相當之素養者、則絕對無爲新聞記者之資格。日本報社之所謂軟派記者、大多數缺乏政治經濟之知識。甚至軟派所屬之訪事員、有竟拙於爲文者。以學識非淺、眼光狹小、故其敍紀一切、自不免流於浮薄、輕佻、誇大、放誕之一途。

就中如情死、慘殺、強姦、盜竊之污穢犯罪等記事、更不惜貴重之紙墨、大書特書而公表之、意志力薄弱之青年男女之精神上、不覺感受許多之惡影響、此日本某法學家之言也。故日本一般社會、對於軟派記者、咸抱一種恐怖觀念、非怖之、實惜之也。至報紙上之軟派記事、更爲自好之士所厭讀、而神聖的新聞記者之地位、亦因軟派記者之跋扈、猖獗而漸趨下落矣。第四、於新聞記事之製作及系統上之妨礙。新聞記事之製作、當以事實爲骨、興味爲肉、骨肉配合、各得其意、方可稱爲佳構。日本報紙、因有硬軟兩派之存在、固執其『各面割據主義。』於是兩派記事製作之方針、乃各趨極端。社會部記事、以血肉肥滿之結果、遂有脂肪過多之嫌、而政治經濟部記事、則不免骨幹枯槁之病矣。要之、就一記事之內容言之、固不可不含軟硬之兩性、若將此兩性分別記述、既背記事製作之原則、又失記載之系統、眞無理之尤者也。以上所羅列之弊害、祇揭其概略、實則尚不止此數。而試從弊害之反面觀之、則一利亦難乎發見。日本報界之識者、雖不無主張撤廢此背謬之區劃者、奈因習已久、遽革非易耳。

日本報界硬軟分派之問題、吾儕原無論究之必要、特恐流毒傳播、故附及之。

第二節　美國報社之編輯部

言論部與編輯部

一般的組織　美國新聞社編輯部之一般的組織、分兩大部、（一）言論部。（二）編輯部。兩部之職權、亦因社而異。第二部中並無如日本所謂『硬派』『軟派』之區別

論說記者

言論部長(The Cheaf Editorial Writer)之下、有十名內外之論說記者、(Editorial Writer)專撰論評。至論說上之政策、則隨社長或管理者之意見而定。

言論編輯兩長之權限

言論部有爲編輯部中之一部、受節制於編輯部長(Managing Editor)者。有與編輯部長同隸屬於社長者。又有極少數之新聞社言論部長、位於編輯部長之上者。通例非言論、編輯兩部相對立、卽言論部長在編輯部長之下。

編輯部中之人員

編輯部長之直接佐理、爲副編輯長(The Assistant Managing)及城市部長(City Editor)與夜間城市部長。(Night City Editor) 兩城市部長之地位、皆等於日本之政治部兼社會部長。其責任乃專蒐集報社所在及其附近各地之新聞記事。其自遠方而來之電報、電話等、則通信部長(Telegraph Editor)監督之。卽城市部長指揮訪事員、通信部長指揮通信

員是已。此外特殊材料之蒐集及編輯、各有專員。例如政治記者、經濟記者、宗教記者、教育記者、軍事記者、狩獵記者、評劇記者、音樂記者、鐵道記者、家庭記者、競技記者等、統直屬於編輯部長。又星期六及星期日之特別版與地方版、皆有主任編輯之人。更有所謂剪報記者、通覽各種報紙、取其有轉載價值之記事。其他如圖案家、畫家及寫眞部。則以供給應插入之圖畫、寫眞爲務焉。

材料分配之手續

所有新聞材料、概由城市部長付諸編輯主任。(Head Copy-Reader)再由編輯主任分配於多數之編輯佐理(Copy-Readers)從事修正及附標題之後、仍返諸編輯主任。主任更一度過目、卽送於排字室。又有稱閱稿員(Rewrite Man)者、司接各訪事員之電話、並編錄之、且承編輯主任之命以修改訪事員之原稿。

編輯庶務

此外尚有編輯庶務一職、司編輯部一切郵件之收發及消耗費之出納、傭人之指揮等事。

紐約某報編輯部之分析

紐約之某大報社　茲爲使讀者諸君澈底明瞭起見、更具體的分析紐約某大報社之編輯部。

社主與編輯長

定編輯部之主義方針者爲社主。惟社主未必日日到社、故通常皆由編輯部長主宰編輯上之一切事宜。此社共有三人之編輯部長、一正二副。每日會同他部重要人員、協定編輯之方針。

編輯部長之屬員

編輯部長之下、除前記之日夜兩城市部長外、又有一名之新聞部長。(News Editor)城市部長管理紐約市及距紐約百英里以內之事。其下有稱 Editor 之助手七八人、分主劇場、飛機、土地、建物、商情等部門之記事。就中商情方面之主宰者、有二十餘名之常務訪事員、對於城市部長、殆成獨立之姿。其他訪事員、則悉直承城市部長之命。統計直承城市部長命令之訪事員約百四十人、共分三組、日夜勤務。其在夜間勤務者、則聽夜間城市部長之命。

城市部長之屬員

城市部長之下、有編輯佐理十二人、以八人交代服務、處理常務訪事員送來之稿件。所謂閱稿員者、此社共有四人。

分派簿

城市部長之座右、常置一册之訪員分派簿、(Assignment Book)爲部署訪事各員事務之表册。此百四十名之常務訪事員、每日必至部長之前、承受命令、往往一日之中被三次四次之派遣。

新聞部長之職務

新聞部長專司處理紐約百英里以外之記事及外國電報等。又美國一般人遇有可作新聞記事之材料時、有電致報社詢問要否之習慣。例如某地發生某事、其地之人、可電詢報社要否關於某事之記事、此類電報、亦歸新聞部長接收、彼認爲有新聞價值、卽覆電原人、索若干字之電報、揭載之後、按定章以金酬之。——新聞部長亦有數名之編輯佐理爲助與城市部長同。

論說記者與論說

以上所述、乃屬於記載方面者。編輯部長之下、尙有論說記者數名、受編輯部長之命、撰述論說。每日必揭載五六篇之論說、此紐約朝刊各報之通例也。

日間城市部長勤務至午後六時止。退社之前、夜間城市部長來。此兩城市部長與新聞部長、每日必同編輯部長會議一次、以定當日紙面之配置。最重要之記事、置於第一面之左上方、以次定其大概之體裁。

律師

社中特聘律師二名、司審察新聞記事之校正刷、以防誹毀訴訟之發生。

各版之終了時間

地方版於午後十二時頃、城市版於午前二時頃編輯終了。遇有特別重要材料、爲恐他人剽襲、則城市版之印刷或延至午前四時。(詳見後)

第三節　我國報社之編輯部

我國報社之編輯部

我國報社編輯部之內容、大概總編輯一人、負編輯全部之責任。其下管理所謂國內要聞者一人。管理所謂地方新聞者一人。管理所謂本埠新聞者一人。管理所謂雜俎者一人。此外翻譯外報及校對、庶務、收發、共若干人。近年有提倡新文化之報社、另闢專面、置一人以主宰之。論說之撰述、有特聘專員者、有與社外學人訂約者、然此風皆以八九年前為盛。今則大部崇尚毫無意味之短評、每日能揭出堂堂正正之論說者、殆居極少數。至於新聞材料之蒐集、除京滬二三社於國內外各要地特派或特約專員隨時通信外、其大部分、悉仰給於剪刀及通信社——尤其是含有毒惡的宣傳性質、足以破壞國家組織之日帝國主義者之通信社！最奇者、為無常務訪事員、於報社所在地發生之事件、絕對的不加調查是也。若夫現代報社所萬不可少之通信調查諸部、在吾國報界、更屬罕見。總之、我國報社編輯部之薄弱幼稚。實為東西各國所未有也。

第三章　編輯部之蒐材

第一節　材料之來源

八則

東西報社之實例　通信員及訪事員之蒐材方法、既詳於第二編。本章所述、乃編輯內部之蒐材方法。試據英美日報社之例而條舉之。

一、訪事員及通信員之委派與指揮

美例、訪事員直承城市部長之命令、通信員則受通信部長之指揮、既如前述。至其命令指揮之法、則城市部長常置一預記簿。(Future Book)此簿以日爲綱、以事系之、專記關於未來預定事件之種種注意及暗示。例如十二月一日、國會通過准於翌年三月一日起、實施某項法案、城市部長立將此事件誌入預記簿翌年二月二十五日處、屆時可命訪事員於此法案實施之前一星期、調查此法案實施之程序及其影響結果、應時而揭載之。城市部長又於分派簿中、將訪事員之姓名並某人應擔任未來之某事及暗示等誌入。每日按簿分派、以該訪員擔任之範圍爲標準。

城市部長指揮訪事之方法。例如大統領之巡訪紐約事件發生。則命第一訪事員、自大統領到埠以訖離去、終日附隨左右、記巡訪之概觀。第二訪事員、詳記去來迎送之光景。第三訪事員、記某俱樂部招待之情形。第四訪事員、記某機關之宴會。第五訪事員、則速記午後某會所之大統領演說。凡一切可以預知或預測之事件、其發生之前、城市部長之計劃、大抵如是、故臨時得以從容措置焉。

然右例爲已預知之事件、若夫出人意外之大事勃發、則如何分派各訪事員、惟視城市部長之手腕、左例乃先年紐約市長額諾亞被刺時、當地某報城市部長揮其敏腕之實况。

某日午前九時三十分、通信社報來消息曰。

額諾亞今朝於火潑坎威廉號之甲板上被射擊、聞已死亡。

城市部長突聞此耗、立時以電話呼出多數之訪事員。命先到之三人、直趨火潑坎、詳細查訪。

逾數分鐘後、通信社之第二報又來、其文曰。

市長收容於火溜坎瑪利病院矣。

城市部長又命第四訪事員赴瑪利病院、面會醫師、叩問一切。第五訪事員、赴額諾亞住宅及市外別墅、尋訪市長夫人。蓋市長此次旅行、並未攜其夫人、爲城市部長所預知也。

無何、通信社又送第三信云。

兇手被捕、名卡拉哇亞、居住第三街四四四號。

於是城市部長又命一訪事員云、『君赴該處盡力調查兇手並索其小影。又其人籍隸何黨。因何暗殺市長。速以電話傳來……』更命一訪事員云、『卡拉哇亞當在火溜坎之警察署、君可直往該處一行。』

未幾、通信社又來一信、報告犯罪之動機。

卡拉哇亞曾爲市政廳港務課之守夜人、七月一日被開除。

斯時調查卡拉哇亞經歷之訪事員、以電話報稱卡拉哇亞爲市政廳開除之傭人、常寄不平之書於市長云云。城市部長卽又命一訪事員赴市政廳之港務課及庶務課、索取卡拉哇亞之書信。此外又命一訪事員往見代理市長米傑路氏。一訪事員檢查城市法規關於市長出缺時之規定。又命閱稿員向本社調査部搜集關於市長履歷之材料、並草其傳略。時又有曾雇傭卡拉哇亞者、以常見卡拉哇亞之奇特舉動及不穩行爲、用電話報告來社。城市部長復命一訪事員赴該報告者處、詳詢一切。

此際置於城市部長案上本件記事之分配總目、記錄如下。（一）額諾亞被刺之顛末概要。（二）維廉號甲板上之會見。（三）甲板上之卡拉哇亞。（四）卡拉哇亞之爲人及其書信。（五）瑪利病院之額諾亞。（六）卡拉哇亞之暗殺準備與計劃。（七）市長之夫人及家庭。（八）代理市長米傑路。（九）市政廳。（十）規法如何、會見之結果。（十一）額諾亞傳略。（十二）卡拉哇亞之奇行。以上各項、皆附記各訪事員之姓名焉。

通信部長對於通信員、其準備與城市部長之於訪事員略同、惟其指示方法、乃用函電、是爲異點。美例、通信員常於事件發生數日前、受本社通信部長之命令。若其事件非通信部長所預期、而爲通信員獨得之材料、則先將事件之簡單要領、致電通信部長、部長即電復索若干字之記事。倘通信員有二件以上之材料、則於每件之要領上、附（一）（二）符號、通信部長以（一）用或（二）不用之語句電覆之。

二、通信社之通信

世事繁賾、新聞記者之職務範圍、亦因而擴大。以一社之能力、終難遍布通信員於世界。於是以蒐集新聞材料爲專業之通信社起矣、其編輯部之組織、與新聞社略同。

通信社每日之通信、在歐美以五次至十五次爲常例。其特殊專門之通信社、如演劇、家庭等類、大抵一日一次。新聞社接得通信後、即派訪事員赴各處調查、其例既見於前。蓋通信社之通信、多屬斷片零拾、不足爲完全之材料、即使完全、新聞社亦必嚴加修正或變更其形式。——我國報社、至今似尚不解通信社通信之性質、對於通信社之函電、大抵以『牛羊何擇』之手腕以收錄之、致令含有毒惡的宣傳性質之各帝國主義者——尤其是日帝國主義者——之通信社之新聞函電、乘間流入、致令中國國家組織——尤其是國民革命——受極大之危害！——在一國之國民讀物——報紙——上公然登載它國——尤其是含有敵對性之國——之毒惡的宣傳品、真乃世界絕無——中國僅有——之怪事！

三、調查部之組織

調查部者、編輯部之顧問、新聞社之圖書館也。其主要之作用、於前章既大略說明。調查部完備之新聞社、無論本國、外國何種緊急事件發生、蒐集關於參攷之材料及其寫眞等、直咄嗟間事耳。若無完備之調查部、則臨時必周章狼狽手足失措矣。

調查部中必不可少者、第一、本國及外國之報紙、雜誌、公佈、報告、並著名新刊書籍等。第二、各種辭書、年鑑、統計表、照片等。以上兩類、當盡力蒐求、勿使遺漏。若夫報紙雜誌之保存、尤爲調查部極重要事。報紙之保存、大抵皆分類剪裁以貼於活頁的簿冊中、別製細密之目錄、以便檢索。雜誌則按年次裝訂之。至報紙分類之標準、因社而定、『倫敦泰晤士』報分作如左之二十七類。

一、農業

二、人類學人種學

三、古物學

四、藝術

五、經濟

六、教育

七、工業

八、地理
九、政治
十、歷史
十一、園藝
十二、圖書
十三、法律
十四、文學
十五、軍事
十六、雜
十七、哲學
十八、地名場所
十九、政治學
二十、政治及事件
廿一、宗教
廿二、科學

廿三、　社會學

廿四、　運動競技

廿五、　商業貿易

廿六、　運輸

廿七、　傳記

就中以第二十之『政治及事件』占大部分、蓋此類材料爲該社最重視者也。每一類中、更分大綱細目、有條理、有系統、實爲該類事件作一完全歷史。遇參攷之必要時、一索即得、不費何等之手數也。

四、　社外之投稿

社外之投稿、無論爲論評爲記事、各國報界皆重視之。蓋因投稿者之人格地位、其價值多有高出社中言論之上者故也。

雖然、投稿者之通弊、往往以個人利害及感情動機爲基礎、而缺少社會公共的性質。故於揭載投稿之前、須加以愼重之考察、苟含有『誤』『私』諸點、勿使羼入篇幅。且投稿者又須有眞姓名及住址、卽投稿者對於報社、不可不負相當之責任。其匿名之投稿、大半無揭載之價值。

新聞社爲一般人投稿之便利計、可於社址附近之衙衢或往來各埠之輪船、火車中設投稿箱、爲廣博之搜採。對於純爲社會公共或學藝上之投稿、則宜有相當之報酬、自不待言。

五、社友

社友者、非新聞社之社員、乃新聞社之友人也。無論何種人士、皆可爲之。社友之關係深者、殆等於特別通信員。若乃軍事、政治、以及學術上之各種問題發生、可分別擇於斯道有心得之社友、請其供給材料。故社友多則爲事便宜矣。

六、外國報紙雜誌之翻譯

外國報紙、雜誌、亦爲編輯部材料之一大寶庫。歐美大報之編輯長、以百忙之身、斷難盡讀各國之報紙、雜誌。大抵於編輯部中置『外國報紙雜誌系。』因報紙、雜誌之種類、使該系之人員、分別披閱並迻譯之。至譯外國報紙、雜誌之方法無他、惟速而已、否則有良材錯過及他報先譯之虞。

七、特殊材料之蒐集

特殊材料之必要、已詳說於前編。其蒐集之法、各國報社大抵取隨時徵求主義。卽以日本例之。東京大阪諸大報、時懸重金、徵求小說遊記之類。某年夏、東京一報社爲得旅行記起見、特募山岳、湖川旅行選手各二人、以修業中之學生爲主要資格、當選者、除支給旅費及稿費外尙各附以二千元之傷害保險、俾其安心服務。翌年夏、該社更與帝國大學講師及數專門家約、使爲研究的旅行。此外復有値暑假之會、與男女學校校長訂約、索取學生之旅行記及日記等作品者。此法一可使報紙上增許多之興趣、二可鼓勵學生旅行作文之美德、學校及報社、雙方俱受莫大之惠焉。

八、　材料缺乏之時

材料缺乏之時、將如之何。此爲編輯者最苦心焦慮之點。玆舉一例如下。

倫敦一記者名斯密斯者、某日當編輯之任。窘於材料之缺乏。乃呼佐理各員、使讀當日各報之夕刊、自新聞記事以至廣告之片隅、悉誦一過。視時計已五鐘矣。斯密斯氏突發言曰、『好了有了』言次、將某報一短文記事剪下、蓋記一女嬰兒被棄於某處者。外觀之固極平凡、唯該棄兒服裝優美、遂衝動斯密斯之『新聞感覺』(News sense)矣。其偵訪此事件之計劃、即先視察棄兒之場所、次面會該地之崗警。然後直趨警署附屬之棄兒收容所、調查各種棄兒之狀態——變態之棄兒——珍奇之棄兒——非常可憐之棄兒——凡足以動人之情感者、盡記錄之。更赴棄兒養育院及棄兒死後埋葬之墓地、訪問一切。要之、彼所希望於此片紙者、在以『美裝的棄兒』爲中心材料、而集其他各種棄兒之事實、以製一長篇之新聞記事是已。比即派訪事員二十八、諸方奔走。結果竟完成一丕基之記事。由是觀之、則新聞編輯者、當材料缺乏之時、其唯一補救方法、即不外發揮其特具之『新聞感覺』、倘有何等線索或暗示之可追尋捕捉者、則務追尋而捕捉之。

方今我國報紙之記事、如所謂『本埠新聞』者、大都係未經派員訪查未經另加爐造之新聞原料、皆有豐富之內容、其例誠不遑條舉。即大小廣告中、亦不乏有意味之新聞材料。茲隨手檢出案頭『申報』第五面之小廣告一件、說明其中包含新聞材料之分量及其價值。

下記之小廣告、以普通新聞眼光觀察之、即覺其內中之興味、殆似怒潮奔放、湧現紙上、如翠林之身分及訂婚時期——郵局寄來之無住址函件是否翠林親筆——其拒婚之理由安在——翠林在外將以何術自立——有無父母——平素與叔嬸之感情如何——張某之

聲明取消賞格

姪女翠林本月初七夜私逃出外昨出賞格登報招尋奈男宅方面定期十三日迎娶不允中止翠林曾由郵局遞來一信並無住址信中稱因反對所許之親事永遠不願歸家詞甚堅決刻奉家慈命將鄙人之女代嫁由原媒商諸男宅雙方均極願意仍於十三日完成姻事解除種種困難兩家親族友朋莫不代爲稱幸特再登報聲明取銷所出招尋之賞格從此以後與翠林斷絕叔姪關係

張某某啓

親生女之身分狀態——願否代嫁——男家之身分狀態——是否富有資產——親族等果俱稱幸乎。觀張某啓事、令己女代嫁之理由、不過『翠林曾由郵局遞來一信……』並未道及翠林之品格。區區姪女之外出、何竟決然斷絕關係。又關於茲事之法律上之問題等、是皆本事件應急詳細調查之要點。新聞社據此廣告、派人偵訪、至少可得千字以上之記事。若能索取翠林之原信及其照片、則此記事之價値更大。要之、此種廣告實爲新聞記者求而不得之絕好之機會。新聞記者應常苦暗示之難以捕捉、而遇此種明明白白陳列眼前之好材料、豈可輕輕忽過。抑在婚姻制度不良之我國——有指導社會任務之新聞記者、對於此種廣告、更當精確訪查。倘翠林爲反對不良婚姻制度而拒婚、卒至脫離悲慘之家庭、則尤應大書特書、爲世俗勸。今日我國報社之編輯員及訪事員能如此努力者、有幾人耶。（上記廣告之事由與本書毫無關係）

第二節　製造電報之弊害

從法律及道德上論造電

奇怪的我國報社之造電　製造電報爲各國報界之通弊、然恐未有甚於我國者。有造電專員、每日根據他埠之報紙、或本社之通信及個人之臆測、製造多種多樣之電報。且有故將某電之某字、模糊印刷、附之以注曰『此字電碼不明。』某日造電員如因事未試伎倆、則於該欄標以『本日專電未到』之語句。最可怪者、曾見海上某報、以通信社之電報作收報機、即將通信社電報之文字、稍加變更、充當專電是也。一日某外國通信社、電報南苑飛機由淸宮上空擲炸彈斃犬一頭之事實。該造電員變更文字之際、改『犬』爲『狗、』彼殆以『犬』與『狗』必有何等之區別、可以掩讀者之目歟。爾時素來反對造電之某名士、正爲該社之總撰述焉。要之、造電一事、由法律上道德上言之、皆不容許、而尤足以損傷報紙之威信。昔之讀者、雖可一時瞞過、今則稍具常識者、幾已無不知其眞相。明知讀者之不可再欺、而仍欺之、是非欺讀者、乃自欺耳。且因慣造僞電、總有實在專電、亦爲讀者所忽視。何如以此貴重之時間、致力於其他之新聞記事、既可免作僞心勞之苦、更可騰起報紙威信之爲愈乎。

第四章　編輯上之實務

第一節　原稿之整理

原稿整理之主要條件　訪事員及通信員交來之草稿、必經編輯員施以適當之修正、然後付印、此謂之原稿整理、卽『編輯』是也。其主要條件如左。

一、　訂正事實之謬誤

優秀之編輯員、能迅速會得記事之要旨、以訂正所含種種之謬誤。使原稿文法上及修辭上圓滿無憾、固爲美事。第匆卒運筆、不周之處、往往不免。但此等謬誤、大抵屬諸表面、與編輯員職務之關係、尚非十分重要。要在訂正事實上之謬誤耳。

二、　修正記事形式

既訂正記事之謬誤、又當修正記事之形式。形式云者、卽章節之構造、題目之選擇是也。先將各章節之題目、以明快有力之語句標出之。(詳見後)次注意章節之聯絡、是否緊接、辭調之裝飾、有無丰采、此乃關於製稿者、既詳述於前編矣。要之、編輯員者、新聞記事之識別的又建設的人員也。

三、削除誹毀及廣告性質之文句

記事內容是否含有誹毀及廣告性質之文句、編輯員當爲精確之判定。然欲此判定之精確、而求取舍之有當、須根據法律學理及社會心理而出之。否則要求賠償名譽之事件、既貽報社以損失、而無價値之記事、亦狼藉滿紙矣。

四、活字之指定與標點

活字號數之指定、所以表示事件之分量。如標題用何號、本文用何號、一一以朱筆書明「一號」「二號」或「1」「2」等字樣以示印刷工人。日本報紙主用比五號字略小而字畫極細之新式活字、標題用一二三號、兼用初號。我國報紙用新式小五號字者、只滬報數社而已。至於標題、則鮮有用初號及特號者。最足惹起一般讀者之厭惡者、爲用二號三號大字排成之所謂「專電」是也。然以時代之進化及紙面經濟之要求、(詳見後)活字之號數、必日趨於小、可斷言也。

標點能捕捉讀者之視線。對於重要記事、尤應精細施標點、自不待言。惟有應注意之一要則——印刷藝術上之一要則——即標點勿置於行頭是也。——中國報紙之不置標點於行頭者、祇美國系之『新聞報』一家而已。

第二節　標題

標題之性質及目的　編輯記者所最當慘澹經營者、新聞記事之標題是也。標題在報紙上、實占最重要之部分。各國報紙之標題、初不過藉以表明記事之種類、今乃成記述的、以表示記事之要領。讀者縱無暇讀記事之全部、祇一瞥標題、即可悉其概略。故秀美之標題、即記事之脊髓也。

表示記事之要領

標題、因其形式及位置、可作記事內容之廣告——販賣之先導。讀者目觸秀美之標題、則興致勃然、進而讀其記事之念起矣。惟要注意者、利用此廣告要素之程度、當視其報紙之銷場種別爲輕重。在歐美以通衢爲銷場之夕刊、往往以綠赤油墨、印刷長行之大標題、聳惹人目、而有固定讀者之朝刊、則反是。又普通之商業廣告、多喜用誇張、誘惑之語句、以

記事內容之廣告

欺讀者、新聞記事之標題、則應切戒之。

公平

標題之性質、既為記述的、故當與記事同一公平。尤不可用批評的語句。批評、另有專欄也。

標題之種類及形式

美國式標題之四種形式

美國式報紙之標題、皆據一定之原則而構成而區分者、因記事之內容而異其形式。最重要最複雜之記事、有用五個以上之標題者。每一標題之間、隔以短

（例一）

CRAIG WINS POINT IN CONTEMPT CASE

Federal Judge Manton Holds He Had Right to Issue Habeas Corpus Writ.

COURT HEARS ARGUMENTS

Edmund L. Mooney, Counsel for Controller, Says His Letter Was Privileged

（紐約泰晤士）

線。右揭之一例、卽極普通之樣式也。

右標題乃由四種形式之標題而成立者、第一謂之『遞斜式。』(Drop-line)第二及第四謂之『金字塔倒豎式。』(Pyramid)第三謂之『橫直式。』(Cross-line)此外尚有一種之『低格式、』(Hanging Indention)則左例之第二、第四兩標題是也。

（例二）

Boy Admits He Killed Double To Feign Death

Indiana Youth Says He Hit Chum With Bar, Changed Clothes and Put Body in Buggy on Railroad Tracks

'Devil' Only Explanation

Planned to Disappear, He Asserts; Denies $25,000 Insurance Was Motive

（紐約托利賓）

側標題

以上四式、或分或合、均可適用、視記事之內容及編輯者之手腕而變化焉。

第一標題以下之各標題、通稱『側標題』(Sub-heading)或『副標題。』至正副標題之組織及活字號數之標準、據美國米梭里州立大學新聞科所定之表、大概如次。

一、標題一號二行。第一『側標題』三號四行。第二『側標題』二號頭字一行。第三『側標題』三號四行。

二、標題二號三行。第一『側標題』四號四行。第二『側標題』三號二行。第三『側標題』四號四行。

三、標題二號二行。第一『側標題』四號三行。第二『側標題』三號一行。第三『側標題』四號三行。

四、標題二號一行。『側標題』四號三行。

美國式標題可取之點

所謂美國式標題、現盛行於日本、某夕刊之標題、純由美國式換骨脫胎。第以東西字形及直橫行之不同、遽爾學之、反覺不美。即如『金字塔倒豎式』之標題、絕對不適合於直行文字。要之、美國式標題之可取者、其原理耳。既得原理、則欲用何種形式、東方文字自有其特點在也。

標題之實例

我國報紙向皆不知標題之妙用、更不注重『側標題。』年來京滬各報、似已覺悟『側標題』之必要、然其大半、則為編輯者主觀色彩之表現——以『側標題』作記事之評語。又標題一行、「側標題」一行之式、亦間有適合於標題原理者、而能美妙運用兩個以上之「側標題」者、則未一睹也。玆譯舉最近東報堪作模範之標題如左。

一、標題一行、「側標題」一行之式。

（例一）

美國提議題目

極東及太平洋

二、同上

（例二）

朝鮮獨立宣傳

李鐘蟠到華盛頓

三、標題二行、「側標題」二行之式。

（三　例）

山東問題之
對日回答文
已經正式閣議
確定四日發送

四、標題一行、第一『側標題』二行、第二『側標題』一行之式。

（四　例）

謝米諾夫語
『往上海乃一時的
俟有機會將再起』
昨夜赴神戸旅館

五、標題一行、第一、第二、第三『側標題』各一行之式。

（五　例）

列車大衝突

貨車三十輛燒失

在哈爾濱波苦拉呢卡間

因動搖煤油爆發

別立標題

右舉各例之外、更有一種『別立標題。』其位置、在記事各段之中間、或單行、或雙行、可隨意爲之。其字、較本文爲大、或用同大之方字。此種標題、有爲編輯員自製者。有就記事之主要部分或轉折處拔出者。後者、乃以記事自身之文句作標題、其效能、既便閱覽、更便編輯。我國報紙之『別立標題、』概屬於前者、實不如後者多趣而且省事也。惟有應注意之三條件。第一、此種標題、固亦以表示記事要領爲目的、然不可與篇首諸標題相混淆。第二、各標題間之距離、務須均調。第三、必係最有興趣或最重要之記事方用之。

事件之程度與標題

以上所舉標題各例、皆通常連亘一二欄之標題。而美國式標題更有延長至三欄五欄或全面者、可與讀者以強烈之刺激、同時編輯上亦生出種種之技巧焉。我國大多數之報紙、今尙株守極陳腐之四欄及六欄制度、幷二欄之標題亦鮮有用之者。

標題之用語及形式上之變化

標題之用語、當避重複。無論在一記事標題中、不可重複。卽此記事標題與彼記事標題、亦不可重複。且非僅語句應然、標題之形式、亦要善爲變化。如遇同一人物、同一事物、乃至同一行動、必須三番五次書寫之際、可愼選意同字殊之語、以表出之。

相互表現記事之內容

側標題與本標題之關係 『側標題』與本標題之關係、至爲密切、而變化之方法、亦無窮。有時本標題與『側標題』之意義語句皆相連續者、前舉之第一第三第四三例是也。(但第四例之第二『側標題』則否)有各標題之意義相連而語句不連者、第五例是也。又本標題固恒用主格的語句、然有時以主格的語句作『側標題』者、則第二例或將第一例之本側兩標題、互爲升降是也。要之、本標題既已表出記事之內容、更加第二第三等『側標題』則本標題所述者、益明顯矣。換言之、『側標題』者、本標題之註解也、反映也、又證左也。——優秀之新聞記事、其中必含多少題眼。編輯者看出種種題眼之後、孰本孰側、可自由上下而安排之也。

簡潔明快

標題之文體　標題文體、務簡潔明快、其目的有二。一可使讀者卽時領得其意味、一則圖紙面之經濟是也。須用具體的語句、兼帶豐富的色彩。俾記事之要旨、悉含於此簡潔明快之標題中。

活動性

新聞記事多與種種之活動相關切。故標題須將記事之活動性、全部表現。記事爲生氣勃勃的、標題亦不可不生氣勃勃。記事爲趣味津津的、標題亦不可不趣味津津。

新鮮及印象主義

標題更要新鮮。若以久爲虫蝕之陳腐文句、絮絮長列、則惰氣滿紙、人厭讀之。不甯惟是、晚近各國報界盛行一種印象主義之標題。我國黃遠生、卽善用印象主義標題之一人。如其『春雲初展之政局』『圖窮而見匕首之政局』（皆見民國二年時報）之類、雖僅數字、與讀者以多少之印象。苟以舊套衡之、則『時局要聞』也、『北京通信』也、非不切合事實、第乾燥乏味、讀之欲睡耳。

略語略號

尚有略語、略號之用法、例如中國銀行、略作『中行』或『中銀、』交通銀行略作『交行』或『交銀』之類。

第三節　新聞材料之排列與組版

定讀性

基本要則　材料之排列與組版、有一基本要則、卽培養讀者之『定讀性』(Reading Habit)是已。『定讀性』云者、卽讀者日日必讀之習慣也、乃報紙生命之所係、亦報紙與書物不同之關鍵。人多厭讀成册之書物、而不厭讀多張之報紙、因讀書往往感多少之苦痛、而讀報則毫無苦痛之可言也。是蓋報紙日日以一定之分量與一定之時間供給讀者、且能適應讀者消化之程度。故無論何人、俱有此『定讀性』也。

定讀性之重大注意與英美兩式之得失

編輯報紙時、當注意下列三事。(一)如何培養此『定讀性』。(二)既經養成之『定讀性、』如何可使維持永久。(三)維持既經養成之『定讀性』同時向新方面次第造新『定讀性』是也。『定讀性』之培養與材料排列及組版上之關係、亦甚密切。若排列及組版、蕪雜陋劣、『定讀性』卽不免消失。至於材料排列之位置及其方法、各國報紙、互有差別。英國式、第一面爲廣告、儼成報紙之表皮。美國式、第一面爲記事之重心。英美兩式、皆有得失。廣告揭載於第一面、既得廣告者之歡心、而表皮縱令雨濡泥塗、本文則常能保全其清麗、更甚有利於讀者。反之、重要記事集中於第一面、則如當門設肆、直觸人目、大可促進讀者購買之決心。又英國式於論說面(Leader Page)中央、恆插入有興味之特殊文字。而美國報紙、因讀者多輕視論說、向不注重論說、近亦漸講裝飾論說面之法。要之、無論取法英式、美式、所有一切應載之材料及揭載之場所、務應用藝術上之原理及人類之心理、立一定之形式、守一定之方位。故長期之讀者、欲讀某面某欄之某種記事、一翻即得、無須檢尋也。

捕捉的功夫

尤要注意者、則爲於紙面上之捕捉的(Catchy)功夫、其理由既於製稿篇及右之標題節、申明之矣。惟茲所云之捕捉的功夫者、非指件件之文稿、乃統合報紙之全部促進讀者嗜慾之功夫也。如插入美麗之繪畫、指定種種之活字等、皆爲此計。雖然、繪畫不宜太多、太多則秩序凌亂、反足令人生厭。大字亦不可濫用、濫用則紙面駁雜、易淆視線。

紙面經濟之研究

最後有一要則、不可不述者、則紙面經濟之研究是已。紙面經濟云者、即因欄數及行數之多寡、活字之大小、而冀於有限之篇幅中、收容多量材料之謂也。試取日本報紙與我國報紙比而觀之、但見我國報紙、滿幅空白者、即不知研究紙面經濟原理之表現也。姑以『東京朝日新聞』及我國之『時事新報』作例證之。『朝日』每欄八十一行、每行十五字、每面(即一版）十二欄、共計一萬四千五百八十字。『時事』每欄六十二行、每行二十二字、每面六欄、共計八千一百八十四字、縱云『朝日』活字、較『時事』小、而相差字數、要不能爲不巨。換言之、八面（兩大張）之日本報紙、所收材料、超出十二面之我國報紙焉、我國報紙之濫費紙張、詎不可驚。總之、紙面經濟之研究、已成各國報界過去之事實、而在我國報界、尚爲當前重要之一問題、不僅職司編輯者、所應急急以研究之也。

順序單之作製

材料之排列　總司排列之順序者、爲主宰編輯者及編輯員。大抵於付印之先、預備一順序單。此種順序單之形式亦不一、有用活頁簿册者、有羅列於一紙者。所有原稿本文及標題所占之行數、活字之大小等、悉記入順序單中。如插入寫眞版及木版、則按其面積計行數。計算行數之際、有一事須注意者、則體察事件與時間之便宜是也。如料定少待仍有重要材料送來、則不可不爲少待。或於意外有重要事件發生、則行數當然溢出預算之外、可將不甚重要之材料削去。反之、時間已到、而行數不足、則自應迅速講補足之策。一俟行數確定、於是原稿截止、此刻主宰編輯者審核記於順序單之各稿、一一判定其揭載之順序。順序之判定爲主宰編輯者最費苦心處、稍一不愼、則輕重倒置、記事之價値及效力、亦因以減少、甚或完全喪失。至順序之標準、並無一定。其記事爲一般的乎、一部的乎、世界的乎、國民的乎、成否問題等、分別鑑識、視主宰編輯者之眼光如何爲斷耳。

外國電報排列法

報紙上最重要最複雜之材料、殆無過於外國電報者。而處理此複雜材料、務使讀者不感複雜、斯爲得計。卽將一範圍之問題、括諸專欄、事件分量、則以標題活字大小區別之。『東京朝日』之外電排列法、大可作吾模範也。

集團的記事

有一種記事、可以調和篇幅者、則集團的記事「叢載」是也、如地方瑣聞、各界雜俎、人事來往、以及游戲、會集、演藝、家庭等事、悉收束於一集合名詞之下。其排列順序、或以大件在先、或以小件在先、或大小相交。其形式、或每件各另立一行、或不另立行以▲印區之。此類記事揭載之場所、應在各面之尾或特殊文之前。蓋因此類記事之加減、方可使全面記事之配合、得其衡也。

雜話

又有一種材料、既可調和篇幅、更可潤澤紙面、則確有興味而不能單獨成爲一種記事、或論評、又與時事相關切之趣話、軼聞之類是也。亦冠以集合名詞、排於每面之尾。文體概用簡單有趣之白話。每一事中間、亦用▲隔之。實爲讀者讀過多種新聞記事後之安神劑。

亦有先服此安神劑再讀其他記事之讀者。要之、此類材料之興味分量、比諸所謂『時評一』『時評二』者、其輕重眞不可以尋常衡物計也。

特殊文之地位及定日增刊

英國報紙於論說面中、插入特殊文字、既如前述。而日本報紙載論說之一面、亦常揭學術或紀行等文、又於記事之隅、闢小區劃、以收集某種特殊文字。其目的、亦在使紙面生多少之光彩。我國報紙、向甚注重特殊文。至登載之地位、十年前後之上海各報、對於小說及論文之類、大抵排於論說面『專電』之下、此本合乎編輯原則。乃曾幾何時、又別立名目、獨設專面、致使其他各面、頓呈乾燥之象。注重學藝文字、乃五四以後事、然仍不知使與新聞記事相調和、近且另印單張、使其編輯及發行皆與報紙本身相分離。誠然有許多讀者、不願讀其偏枯駁雜之新聞記事、但求滿足彼等之知慾、歡迎此種辦法、而報紙本身、則失却揭載學藝文之目的矣、此不可不急改革也。如欲提倡某種學術、則可於一星期中、定日發行、是謂『增刊、』亦稱『週刊、』或名『附錄。』例如星期一出『文學週刊、』星期二出『美術週刊、』星期三出『音樂週刊』之類。俾讀者每日閱報以後、預懷一種之新希望、『倫敦德勒克拉夫』報卽如此辦法、(詳見附編)此則最新而最有效之方法也。

小組與大組

組版　組版有『小組』(即小樣)『大組』(即大樣)二程序。材料排列告竣、遂送各稿於印刷部、該部以簡單之機械、印出若干紙、是謂『小組。』歐美通例、『小組』必印兩份、一交校正室、正誤組、一置於編輯長机案、因編輯長負報紙精神及形式上之全責故也。既而將校訖之『小組』連綴爲一全面、是謂『大組、』即作成報紙基本的形式、實編輯上最後之重大任務也。『大組』有於排字室之『大組台』上爲之者、有特設『大組室』者。指揮『大組』之人、在歐美不惟編輯長自行出陣、且往往由編輯長親自下手。日本則多設『大組系、』有記者數名、專司其事、編輯長有時到場以監督之。歐美及日本報社、如何重視『大組、』可想而知。『大組』事竣、復草印兩份、以備再校及編輯長之檢閱。『大組』之校正完成、方移於鑄版印刷室。

紙面調和之二大原則

爲『大組』時、宜注意紙面之調和。其原則有二。一曰對照、一曰均齊。先就美報言之、通例每面八欄。長標題之重要記事。皆排於第一面之上部、中間夾入次要之短標題記事。即以第一面之一二及七八各欄之上部爲記事之重要地位。而三五或五六各欄之上部插繪畫、於繪畫之下、入短標題記事。亦有插大繪畫於三四五六諸欄之上、將短記標題事排於大繪畫兩旁、而置長標題記事於繪畫之下者。總之、一二諸欄之標題、多與七八兩欄之標題相權衡、是謂『對照。』而長短標題之記事及繪畫、無論如何交互組入、皆條理整嚴、不使紊亂、是謂『均齊。』日本報紙一面十二欄、本斯原則、獨創規例。其於『大組』最致力如美報之第一面者、即所謂社會部記事是也。大抵於該面之右上部插二欄乃至數欄之繪畫。次爲二欄或三欄之長標題記事。而第二長標題記事、則排入第二欄以下之左方。同等之長標題記事、達三件以上時、則第一件置右之上欄、第二件置中央第三欄之下、第三件置左方第四或第五欄之下。有時於四五兩欄左邊插第二之繪畫、而第三件長標題記事、則置六七兩欄之右、即長標題記事與短標題記事、一二欄相間組入。如是則上中下各長標題記事、彼此照應、與美報左右兩上部長標題記事相對照之原則、頗吻合、惟稍欠均齊、是其缺點、讀者諸君可取美國報之第一面及日本報之社會記事面而觀之、即得上文之證據矣。

大組之緩急

不載新鮮記事之面、或縱截而分載甚輕之面、當先行組上。及組重要之面時、可一意專心、不顧其他矣。例如特殊文、大抵於其日午前或前一日編輯終了、即時組上、並鑄其版、以作印刷之準備。

美報每日發行之次數

美國大報、皆一日重版數次。各次版之發行時刻不一、故組版亦自有先後之別。翌朝發刊郵寄遠方者爲第一次版、於午後九時半組上。第二次版、十一時半。第三次版、午前一時半。市內版（見後）之組上、則遲至午前二時半或三時半。夕刊第一次版、午前九時組上、終日五次或六次改其版。大事件突發、則每一次版必記其新發展之程度。

日本報社之市內版及地方版

日本東京大阪各報、亦皆日印數版。單言朝刊、則有『市內版』與『地方版』之區分。『市內版』者、以新聞社所在地爲銷場之版也。『地方版』者、乃將新聞社所在地之不重要記事——一離本埠卽失價値者——除去、而以行銷地方之記事塡入之版也。（參照三三頁）『市內版』之組上最遲、至速於午前一時始爲之。『地方版』之組上、則因遠近及火車開行時刻而定、大抵愈遠愈速、愈近愈遲、是爲原則。通常午後三時頃、組第一次版、五時以內、卽可發送矣。

附編　歐美報紙史畧

本篇所述、以英美法報紙爲主體。蓋編者之目的、在使讀者諸君得悉許多外國報紙過去之事實、俾作經營新聞事業之藉鏡。彼英美法以外各國之報紙、既無十分藉鏡之價値、述之亦覺乾燥無昧、故皆略去。

第一章　概說

第一節　起原

羅馬之公報　歐美報紙之濫觴、在二千年前之羅馬共和時代、有稱『阿可特德拿』(Acta Divrna)者、乃共和政府之公報、以戰況爲主要材料、其次爲選舉之勝負、宗教之儀式等、記載甚簡、由政府頒送於各地軍隊、或揭諸政廳之壁。第此爲一種之報告書、而與今日之所謂報紙者、迥乎不同、只少含報紙之性質已耳。

阿可特德拿

報紙之始祖　蒐集社會發生之事件、以一定期日印行者、最初爲德國之『弗蘭苦路特

弗蘭苦路特特發

魯』報、該報創刊於一六一五年、現尙存在。此外英國之『威苦黎紐斯』報、創刊於一六二一年。法國之『考宰特法蘭西』報、創刊於一六三〇年、是皆可稱歐洲報紙之始祖者也。至美國一六九〇年、於波斯頓有『把布利克·喔可列恩塞斯』報之發行。統歐美而論、正式報紙之產生、蓋皆在二百年以上。

第二節　報紙文字之經過及現狀

由政治論時代入新事實時代之英國報界

英國及美國　英國報紙、肇始於一六二〇年頃、既如右述。而此千六百年代之歷史、斯丟亞王統之混亂、長期國會、查理斯第一之處刑、克林威爾之執政、擬兒力查之退閉、查理斯第二歸來、王政復古、惹米斯二世之被放、紛紛擾擾、國王、貴族、人民、殆始終相爭逐。嗣于七百年代、女王安恩即位、發布印花稅法、報紙及廣告、均被課重稅。洎惹爾三世時代、對於報紙、壓迫愈力、新聞記者及出版業者、頻遭刑罰。而其反動之結果、報紙益見勃興、『言論自由』之聲調、盛呼於文人志士之口。要之、此二百年間之英國報紙、蓋全然以與國王、政府、議會作戰爲職志者也。故主要之文字、悉爲政論。其後漸悟偏重政論之非、而道破報紙之文字、當以新事實爲主者、『倫敦泰晤士』報也。自『泰晤士』出世以還、漸入新事實時代。

美國新事實主義之首倡者

美國之經過、大概與英相似。在殖民時代、雖不無報紙之發刊、而稍稍惹世人之注目者、則在十八世紀中葉至十九世紀之初。當時美國報紙之主要目的、在造成政治上之輿論、故最重視之文字、亦爲政論、而於新事實、則頗輕忽之。例如一七七五年七月四日於費府發表之美國獨立宣言書、在今日必作號外無疑、乃費府之報紙、直至十三日始行揭出、而見諸波斯頓之報紙、則爲二十二日事。然於此以議論爲本位之報界中、首倡新事實本位之新主義者、『紐約赫爾德』報也、『赫爾德』登高一呼、全美報界風靡而雲從焉。(詳見後)

新事實主義之浸衰

自是厥後、英美報紙、咸抱定新事實主義、而以美國爲尤著。英報尚揭載關於政治文藝之評論、美國則全紙面盡爲新事實所掩蔽。然而時勢轉易、斯盛極之新事實主義、遂又漸趨衰運。唱極度之新事實主義者、美國也。而最先覺悟僅新事實不能維持報紙之生存者、亦美國也。

德那之名言

美國報界名流『紐約僧』報之經營者、德那(Charles Dana)氏、於一八九三年在紐聞大學講『報紙論』其中之一段有云、『從來報界認爲大事之新事實之蒐集、近頃有落第二位之傾向。蓋新事實之蒐集、新聞社經濟之耗費甚鉅、僅電報一項、一日有達四五千弗者、因此困難、新聞社之聯合乃成、而以供給新聞記事爲業之通信社亦起。其結果、新聞社員乃得減去蒐集新事實之勞力、漸向智力的方面致其力』云云、德那殆眞有先見之明者矣。

新事實以外之材料

現今英美報界、於選材上皆已悟僅新事實不足以使讀者滿足、大抵取二種方法、第一、仍以新事實爲本位、第於新事實上塗本社特殊的色彩、即編輯上所致之技能是已、各社之色彩不同、斯讀者之印象自異。第二、於新事實外、無論何種事件、苟能惹起人類之感興者、悉認爲報紙之材料、且對於此新事實以外之材料、選擇蒐集、不遺餘力。新事實以外之材料云者、即關於文學、美術、及其他專門論文、所謂特殊文者是也。

第三節　近世之印刷及通信事業

十九世紀中葉報紙史上之新紀元

十九世紀中葉、有二事可爲歐美報紙史上之新紀元者、第一、輪轉印刷機械之發明。第二、通信事業之勃興是也。

印刷機械之變遷

輪轉印刷機之發明　十六世紀初年、始見有印刷機械、第悉用平板、構造簡單。至十八世紀、方有金屬製之稍完全者出現。此類機械之運動、專恃人力、作業甚緩。嗣經幾多曲折、而輪轉印刷機、乃告成功。最初得輪轉機之概念者、爲英倫之呢哥遜氏。彼於一七九〇年、受政府特許、製造新式印機、其發明之要點、在改正舊式之平面印機、附版面於圓筒之上。其後變通呢氏之說、製出今日之輪轉機者、克呢希氏也、時『倫敦泰晤士』社長華爾特氏、力助其成、並首先採用之。(詳見後)十九世紀之初、有將克呢希式機中供給油墨之處改善者。既而造紙模、鑄鉛版之方法發明、遂成斯界之大革命。而於紙之兩面得同時印刷者、爲一八六六年事、其間美人和氏之功、不可沒也。

輪轉機之速力及作用

輪轉印刷機之速力、因式有差。英國阿魯霍式、一小時可印九萬六千張。法國瑪利諾呢式、一小時可印二萬五千張。至美國和式輪轉機、尚有能於一小時印三十萬張者。此等印機之作用、與印刷同時切裁、折疊、並以米突示其數目、均係自動、實古人夢想所不及也。

路透與聯合

歐美之大通信社　通信事業之勃興、爲交通發達之結果、自不待言。而與輪轉印刷機並世蹶起之大通信社、蓋有二焉、卽英之路透、美之聯合是已、斯二者、皆足爲現世界代表的通信社、試述其小史。

一、路透電報社(The Reuter Telegraph Company)

路透電報社、爲德國人路透(Danl Julius Reuter)氏所創立、初置機關於卡伯爾。當時電線尙未普設、其通信員有在鐵道汽車中草通信者、有時或使用傳書鴿、第此等事、路透並不感其困難。彼所最感困難者、爲歐洲大陸諸國對於該社電報之嚴苛的檢閱是也。其不檢閱該社電報者、唯英國耳。一八五一年、英法間海底電線竣成、遂移社址於倫敦。斯際『泰晤士』即以電報爲重要材料。路透先與『泰晤士』社交涉、『泰晤士』社答以無藉力他人之必要。次赴他社、復以未見信用、不能遽爾訂約爲辭。路透乃贈送電報兩星期、卒約定六社。於是積極進行、成績極佳、遂與諸社訂永久之契約、『泰晤士』終亦加入。其間路透爲博英人信用一事、煞費苦心、未幾、遂爲英國一般社會所認許。一八五七年、該社發表拿破崙三世與墺國大使之勅語時、驚倒一世。其翌年、法墺兩國爲意大利問題開戰、而路透活躍之秋至矣。法墺意軍中、皆有路透之通信員、藉電線及傳書鴿以通消息、全歐報界、盛歡迎之。戰爭之經過、雖只兩月、而依電線、爲軍事通信者、以此爲嚆矢焉。其後美國南北戰爭起、大西洋海底電線、一時阻滯、英美間之通信、咸改由郵船。在美之路透社員、常赴紐約、密封所集之記事於罐中、付諸郵船。將抵愛爾蘭、路透本社、以最速之小輪、趨近郵船以取之。即於距倫敦約六十哩之海岸上陸、自此處至倫敦有路透社私設之電線、故其通信之達倫敦、較其他郵便物爲早。普法之戰、路透社之設備、益充[illegible]、信用亦益厚。俾斯麥時洩重要消息於路透之從軍記者、一八七〇年九月一日、師丹開城、拿破崙三世降服之第一報、爲路透社獨占、即由在師丹之俾斯麥口中得知者。又一八七八年、俄土戰終、於桑斯帖弗諾之媾和條約兩國全權委員尚未調印、即爲路透社發表矣。路透社於一八六五年、以念五萬鎊之資本成立股份組織、其股東、理事、編輯員、通信員、概屬英人、爲純粹英國國家的通信社、世界各國、悉有其相當之機關。英吉利之資本帝國主義、固賴其強橫之海軍及詭譎之外交以維護、而路透電社宣傳之力、亦甚偉也。路透於一八九九年作古、其子哈巴德路透繼之以營社務、一九一五年四月因哀悼愛妻逝去、繼其任者、爲巴得休(W. R. Bradshaw)氏云。

二、聯合通信社(The Associated Press)

聯合通信社、爲新大陸代表的通信社、創始於一八四八年、其組織及性質、與他通信社異、蓋美國有力之報社相互的蒐集並交換新聞記事之機關也。設總社於紐約、加盟者共九百餘社、甲地某事件發生、其地加盟之報社、立將事件報於聯合通信總社、總社直以之傳達於加盟之各社、此實極經濟極便利的方法也。倫敦、巴黎、伯林、羅馬、維也納、北京、東京等處、皆有支社、其通信網之撒布、殆與路透相伯仲。其經費由加盟各社（以美國報社爲限）分擔、數目多寡不等、小社有一星期僅出二十五弗者、大社則一星期有出至七百弗之多者。此等大小各社、皆有一票投票權、每年選舉社長、理事等員。凡欲入聯合通信社者、須經理事協議、並須得本地方之聯盟報社承諾、其社員之價値、可想而知。聯合通信社爲謀交換通信之便利、特設晝夜專用電線二萬數千哩、其無專線之處、則利用他線。又加盟各社之社內、大抵皆設有電信處、其處有聯合通信社之電信技手。惟一線一晝夜祇能拍一萬二千字、大報社每日約由聯合通信社供給五萬字、則於一線之外、更加補助線、或用二重四重電機、卽同時以一線拍二通四通之電報是也。相互間之聯絡、可謂毫無遺憾、故大事件勃發、不過十數分鐘、卽遍達九百餘之報社矣。凡此所述、皆該社形式上事、至其精神上之特色、在不爲政治及他種之運動、故其通信並無黨派的色彩、或宗教的偏私焉。

通信與勢力範圍

其他之大通信社及通信同盟　路透聯合二大通信社之外、尙有法之哈烏斯通信社、俄之聖彼得堡通信社、德之烏爾夫通信社等、皆十九世紀中葉以後所產生者。此等通信社與路透、聯合諸社之相互間、亦作一種之同盟、協力一致、從事國際通信。其同盟最要之樞紐卽通信網之撒布、皆以自國領土或勢力範圍爲限、雙方雖交換通信、而領域則各不相侵。例如路透社、其通信員之電報、悉拍寄倫敦本社、倫敦本社復以之傳布全英及殖民地之英國報社、同時、倫敦本社內設有聯合通信社、於集來之路透電中、擇其於本國人民有興味者、向自社拍發、而路透社在紐約之聯合通信總社中、亦爲同樣之組織。換言之、美國報社、絕對不能直接受路透社電報、而聯合社與英國領地之報社、亦決不爲約也。

第四節　軍事通信員

從軍記者與戰爭文學

戰爭與報紙　近世歐美之報紙、每於戰時、而增其活動。蓋戰爭之爲物、甚足喚起公衆之注意。各報社競派優秀記者於戰場、使爲軍事通信、其結果、大闢報紙之銷路、同時、於報紙上產出一種振振有聲之『戰爭文學、』而軍事通信員亦遂見重於報界及一般社會、此亦十九世紀中葉所肇起、而歐美報紙史上不可不紀之事實也。

拉塞爾

最初最大之軍事通信員　軍事通信員之嚆矢、於美國則爲墨西哥戰爭、於英國則爲克利米戰爭。墨西哥戰爭在克利米戰爭之八年前、其時美國某報、雖曾爲相當之活動。然能聳動一世耳目、奏赫赫之殊勳者、應首推克利米戰爭『倫敦泰晤士』特派員之拉塞爾。

第一次從軍之拉塞爾

聖保羅寺院一豐碑、上鐫『最初最大之軍事通信員』之語句者、即拉塞爾之墓標也。拉氏英之愛爾蘭產、服務於『泰晤士』社、當一八五四年二月之某夕、突承該社總撰德林氏之命、從英國出征軍赴克利米、遂於世界報紙史上、造未有之紀錄。拉氏之從軍、『泰晤士』社特張送別之宴。拉氏既蒞戰地、因一般軍人對於報紙尚無適當之理解、故頗多滑稽之談。且彼之從軍、比諸設備完全之今日、固困難已極。乃一旦將出征英軍將士痛苦疲憊之狀、詳細暴露、遂致內閣顚覆、英軍亦因以改善。而戰地看護婦始祖之南丁格兒女史、率看護婦一隊、前赴戰地、亦彼之筆所促起者也。彼草通信、或終日不得食、輒以靴作椅、以膝作几、於微細燭光之下而爲之。

印度反英之拉塞爾

拉塞爾由克利米歸國、某大學授以名譽法學博士學位。然甫逾十日、又承赴俄參觀俄皇加冕之命。既而情勢變更、復被命視察印度反英之事變、乃殘頻死之妻、洒傷心之淚而首途焉。拉氏到印度後、備受優遇。印度總督以除通信倫敦不妄他洩爲條件、所有新聞材料、悉付與之、而英軍司令官、且常攜書類至拉氏天幕、並爲之說明焉。

美國南北戰爭之拉塞爾

美國南北戰爭、拉氏又赴美。彼深信北軍必占結局之勝利、然『泰晤士』及英國各報、悉表同情於南軍、又其行動、亦不免爲北軍所妨害、於是無功而歸。而『泰晤士』社諒之、並贈以終身年金三百鎊、不論將來之有無勤務也。

奧普之戰之拉塞爾

一八六六年、墺普之戰、拉氏再從軍、其軍事的批評、每爲議會質問之題目、責任大臣、亦極稱許其意見。

普法之戰之拉塞爾

一八七〇年、普法之戰、拉氏又從軍、俾斯麥盛款待之、許其接近普帝。某日曾與皇太子弗勒德力由同一瞭望點觀戰、當夜皇太子招之晚餐、告以拿頗崙三世成俘虜事。普帝之抵伯爾塞悠也、遇彼尤厚、有述當時狀況者、謂普帝爲拉氏整鞍、俾相爲拉氏控轡云。

拉塞爾之最後

其後拉塞爾退職、更一次爲『倫敦德利克拉夫』報從軍南非。値維多利亞女皇五十年紀念祝典之際、『泰晤士』社、欲再起用之、而彼之健康已不允之矣。

一八四七年後之電報費

軍事通信員之活動及電報　一八四七年、通信員初入墨西哥時、欲利用電報、而統全美電線計之、長不過數百里。克利米戰爭中、拉塞爾之對於『泰晤士』以電線通信者、前後祇一次、乃報西巴士多卜之陷落、只數語耳。巴黎倫敦間電報之開通、乃一八五一年事。當時『倫敦毛脌波斯特』報巴黎通信員波路斯威克與乃父書中、有『囊橐空虛、最近復將發生有興味事件、乞滙金二十鎊』之語、電報費之微少、可以想見。其後漸次增大。一八八二、三年、『泰晤士』特派員柏駱爲報埃及戰況、十四閱月、約耗一萬八千餘鎊、烏牙特之戰報、一電掩埋『泰晤士』之十欄、費二千二百鎊。美國報界以一電擲巨金者首稱『紐約赫爾德』一八六六年、塞佗瓦戰後、報告普魯士皇帝勅語全文、費金七千弗。報紙爲傳播消息、不吝如是多金、故於發行上、當然受莫大之惠。計拉塞爾赴克利米之前『泰晤士』之發行數、僅四萬、後忽奇增。普法戰中、『倫敦德利紐斯』五萬之發行份數、二週之內、驟三倍之。

新聞通信之郵電過渡時代

當一八七〇年普法之戰、在新聞通信史上、可稱郵電過渡時代。即普法戰前之軍事通信、主用郵遞、至普法戰時、主用電傳之動機乃發。第各社尚無投巨額電費之勇氣。倫敦報界、多經路透社以得戰報『德利紐斯』之戰地特派員、雖異常活動。而促進以電代郵者、『紐約孜利賓』報特派員思卯列也、値該報最先揭出長文電報時、英國報界、多疑爲亞美利加一流報紙之揑造、未幾、思卯列與『德利紐斯』結同盟交換通信矣。此戰爭中、『紐約威爾德』通信員孔威之活動、亦甚可驚。彼爲調察加厘威律之戰況、竟不經許可、飛乘於傷兵之汽車、屈伏多時、歷經疲勞病苦而至倫敦、將他社尚未知之加厘威律戰況電致紐約本社。電發後、偶赴『德利紐斯』社、該社主筆羅賓孫以王公貴族之禮待之、同時、強制彼於編輯室、非將加厘威律戰況草一長文記事、決不許之外出、孔威不獲已應之、俄而其記事電傳全歐、甚動世人之耳目。師丹開城、思卯列部下通信員之由普魯士方面觀戰者、急趨倫敦、擬發電報、於興高采烈之中、同爲彼之部下、而自法蘭西方面觀戰者、則已早到倫敦、發十欄之長電去矣。麥都降普、『德利紐斯』與『紐約泰晤士』協同突超他社、着發電之先鞭、『倫敦泰晤士』至翌朝乃轉載之。此時之通信員、亦思卯列所囑望之部下也。又上述之通信員、其新聞記事皆係親到倫敦而起草者、彼等之赴倫敦、途次冒多少危險與困難。因戰地檢閱嚴重、難發詳報、且不安全、而美國通信員由英倫發電、更甚便利故也。

第五節　美國式之影響及最近發達之特徵

美國最新式新聞編輯及經營法

美國式之影響　一八九〇年以來、美國報界實施最新式之編輯及經營法、歐洲各國報界咸受莫大之影響。夫美國爲新進之邦、萬般制度、悉後於歐、乃曾幾何時、其新聞事業竟凌駕乎先進諸國之上者、因其對於新聞編輯及經營有獨特之法則、此種法則、世人稱之爲美國式。

美國報紙發展之三大原因

美國新聞業急速之發展、有三大原因、(一)紙價之低落、是爲原因之尤大者。南北戰爭時極劣之紙價、比諸今日之優良紙、殆高十餘倍、蓋彼時製紙機械尚未發明也。(二)印刷機之改良、如和式輪轉機之發明、報紙得以迅速製出、且可隨時伸縮篇幅之一部、施諸種之色彩。(三)印刷機械改良之結果、報紙組成需要之時間短縮、印刷之經費乃大減。計自一八八〇年至九〇年之十年間、美國報紙製造諸原料代價之減落、由三分之二至四分之三。此美國新聞業急速發展之三大原因也。本此諸因、於是報紙之篇幅擴張、而代價低廉、自益爲社會所歡迎矣。

電氣與美報界

電氣力之應用、所資助於美國新聞事業之發達者尤偉。如海底電線之設立、可以極廉之代價、迅速獲得遠隔重洋之材料、從來出巨金購求之制度、因之破壞。又一八八〇年以還、美國私設之電報公司、接踵而起、營業互競之結果、新聞社遂大受其益。他若電話之擴張、更大有裨補於報紙。迄今該國之大報社、殆無不附有電信電話之二處焉。

繪畫插入報紙之原始

以繪畫製鉛版、印刷於報紙上者、亦同時代之產生事。又插入人物及事件之寫眞、附簡單之說明、甚爲晚近歐美報界所流行。於極短之時間、攝影製版、迅疾印刷之方法、皆美國報界率先所實施者也。

資本家報

資本家直接間接經營報社、冀博政治上社會上之聲譽、以圖個人事業之發達、此風氣之淵源、亦美國也、美國之識者、今正以此風之長爲憂焉。(詳見後)

改善內容減輕售價

美國報界爲捕捉多數之讀者起見、恆盡力使報紙之內容、通俗多趣、同時、並以減輕售價、爲暢銷最上之方策。價廉物美、本人類於需要上所具之共同性、美國報界、看破此點、注力行之、故報紙之銷路、遂日益廣、報社之獲益、亦愈大。此方法及於歐洲報界之影響最顯著者、『倫敦泰晤士』也。(詳見次章)

主要之特徵

最近發達之特徵　最近歐美報紙發達之主要特徵、仍不外學藝研究、如何獨得珍聞奇事、如何之材料、可博社會之好評是已。

實利主義與報紙

歐美人尙崇實利、對於艱深古奧不切生活之報紙、不感何等之興趣。故報紙爲圖彼等之滿足起見、不得不揭載淺顯有味之文字、更努力講新穎之編輯方法。

人物評論

設「人物欄」評論名人、並記其社會的貢獻、此方法晚近歐美報界、競採用之、讀者亦爭欲聞其人之嘉言懿行焉。

名人訪問與女記者

爲新聞改進法之一、而美國首先採用之者、「名人訪問」是也、此種嶄新之蒐材方法行世後、新聞社不得不加增社員、而女記者勃興之機、卽動於此。因所謂名人者、往往以不願發表意見爲理由、謝絕新聞記者之訪問、而對於女記者、則謝絕者少。且家庭之訪問、尤以婦女爲適當故也。

星期增刊及凹版畫報

星期日出星期增刊及凹版畫報、亦爲近年歐美報紙盛行之方法。其目的、無非藉以招徠讀者、並爲讀者求精神上之慰安已耳。

學藝化及國際化

最近之歐美報界、尙有兩大新傾向之可述者。其一、已漸拋棄從來偏重政治之習尙、注重文學、美術及各種出版物之論評、記載。其二、於定期增刊中努力傳播文化生活之事情是已。前者、蓋以人類之求知慾、日益擴大、僅普通的新聞、論說、斷難適應讀者之需要。後者、則因大戰以還、各國人民、受創劇深、多已醒覺物質生活之迷夢故也。總之、論晚近歐美報紙發達之特徵、則可一言以蔽之曰、由政治化趨學藝化更向國際化方面進行不息也。

第二章　英吉利

第一節　倫敦最初之報紙

最初之日刊與馬列特

德利科朗特　在一六〇〇年代、英國各黨派雖有數種之報紙、然皆旋起旋滅、壽命極短。新聞史家所公認之最初而又規則嚴正之日刊報紙、爲『倫敦德利科朗特』報、該報創刊於一七〇二年、主筆馬列特氏、乃注意新聞記事之正確之第一人、於蒐集新聞記事及付印之敏速上言之、比諸今日、殆無遜色。馬氏之言曰、『報紙之義務、在敍出事實、其結論應任諸讀者、』此語晚近各國報界、皆遵行之、如社說之類、多爲問題之提示、不似昔日之放談高論矣。

獄中之報紙

德弗喔斯列比酉　『科朗特』以後、日刊報紙相繼而起。一七〇四年二月十九日、有報紙王徽號之德弗喔氏、以政治犯入獄、於獄中出一『德弗喔斯列比酉』報、始爲週刊、繼改每週二回、最後乃定爲三回、如此繼續至一七一二年之七月。其勇敢之主張、清廉之思想、彌漫全紙。該報之記者、常由旅次寄稿件、發行之規則、亦甚嚴正。

印花稅之實施

一七一二年七月印花稅法實施、報界遂受莫大之打擊。前記之『列比西』亦不得不變更其形式。於次節述印花稅之興廢。

第二節　報紙印花稅

印花稅與英國報界之運命

印花稅之興廢　於安恩女皇之世、新聞業最稱發達、同時、拘束報紙之印花稅亦產生。初、一七〇一年、議會有人提出每份報紙課稅一辨士之議案、旋復撤回。至一七一二年七月十九日、報紙印花稅法卒頒布、一頁之報紙、須貼印花半辨士、一頁以上者、一辨士、廣告一件、則課稅一先令。一七六〇年、(佐治三世時代)更不問頁數、每份悉稅一辨士。一七七六年、又加半辨士。八九年、一辨士。九四年、二辨士半。一八一五年、因課戰時稅、又增至四辨士。合一六九四年施行之紙稅計之、一份報紙之稅率、實數七辨士。(以上皆佐治三世時代事)而報紙銷售之範圍及勢力、自不能不縮小。一八三五年、報紙課稅之總數、爲一千六百萬份、稅金總額、五十五萬三千鎊。翌年、由四辨士減至一辨士之議案施行。

至一八三八年、報紙總數五千三百八十萬七千九百二十六份、稅金總額、減爲二十二萬三千四百二十五鎊。於是報界遂漸呈活動之狀態。而在此八九年間、力唱印花稅廢止論、並不貼印花之各報、或題爲『貧民之保護者』或『民主主義』者、多被政府封禁、然報界之廢稅運動、曾不稍息也。一八五五年、廢止此種嚴酷稅法之議案、成立於下院、以二百五十八、對一百六十一人之多數、通過二讀會。復於上院、無何等之討論、一致贊同、立卽施行。最後之稅額調查、課稅一辨士之報紙數、爲一萬萬零七百五萬二千五百五十三份、稅金總額、爲四十四萬六千零五十鎊。

英國報紙發展之動機

一八五五年之初、有許多報社之建設、因印花稅廢止、基礎皆甚鞏固。英國新聞事業發展之動機、卽啓於此。當時各社、皆舉全力以圖紙面之改良、期經營之完善、而價格因亦低廉。一社恒見五十萬百萬之發行份數、以視二千三千誇多之時代、其進程之速實可驚也。

第三節　現時倫敦之報紙

最古之政治報

倫敦毛聆波斯特　或意譯作『倫敦晨報』創刊於一七七二年。爲倫敦最古之政治報、且甚注重文學。在今日之信用、勢力、雖居『泰晤士』之次位、而體裁及內容、則不無凌駕『泰晤士』之處。如關於文學、美術、及各種出版物之批評以精確見重於世。他如外國記事、議會記事、更爲該報之特色。

大華爾特 小華爾特

倫敦泰晤士 誕生於一七八五年之一月、創刊者爲華爾特氏。一八〇〇年華氏以『皇室之罪人』之記事、評譏皇帝、被下獄。一八〇三年、讓社務於其子華爾特第二。小華爾特以絕倫之精力、拔羣之才能、銳意經營。對於當時政治問題、常爲猛烈之攻擊、因復開罪政府、失去政府方面之一切廣告、而外國郵來之通信、且輒被政府扣留、消息遲滯、損害莫大、然彼與政府搏戰之勇氣、決不稍餒。

小華爾特之大努力

小華爾特之努力於新聞事業之最彰著者、第一、當推助開呢氏發明輪轉印刷機並首先採用之一事、於前章既畧述之、該機經幾番修改、初僅希望一小時印刷一千一百張、一八一四年試驗之結果、一小時竟得二萬二千之成績。故小華爾特者、不僅爲『泰晤士』之功人已也。

小華爾特之成功

『泰晤士』於文學上努力所獲之效果尤大。一八一五年、該報之行銷、平均一日只五千份耳。三四年、增至一萬份。四四年、二萬三千份。五一年、四萬份。五四年之銷數、已逾五萬以上矣。當時倫敦其他有力之報紙、最多不過銷七千餘份也。小華爾特之成功、可概見矣。

第一之名記者

『泰晤士』記者之第一知名者、爲德林氏。彼由一八四一年至七七年爲總編輯。就職時、只二十四歲。若無超越他人之自信時、決不執筆。彼與多數社友、同心協力、遂使『泰晤士』爲世界有數之報紙。其功績最著之點、在自設工場、製造除用紙以外所需之物品、且更以之供給他社。又於編輯室中、裝置與伯林巴黎二分館相接之特別電線、及與國會相接之特別電話。凡有電來、由速記員且記且付印焉。斯等機械之設備、在當時、至少亦須十萬鎊也。

有名的駐外特派員

『泰晤士』之外國特派員、其聲譽能力、實高出於使臣之上。如駐巴黎之布祿威斯氏、獲伯林條約全文於調印之前、(一電支出八百鎊)嗣又暴露德意志二次攻法之計畫、今已成歐洲膾炙人口之故事。

報中之報

要之、『泰晤士』在十九世紀、可爲報中之報、曾揮絕大權威、壓壓震慴列國之政府焉。

今日之泰晤士

雖然、二十世紀之『泰晤士、』受美國式之影響、欲賡續十九世紀之狀態、斷乎不能。其結果、現代英國報紙王—昨年來華—之諾斯克利夫爵士之資力侵入、『泰晤士』舊來之面目乃大變。其詳細、便述於次節。

自由黨機關

倫敦德利紐斯　一八四六年、德肯斯氏所創立。乃自由黨之機關報。政治以外、亦甚注力於文學。然在一八七〇年之內、營業極不振。嗣後利用電線、復聘優秀之軍事通信員、遂漸呈活氣。其軍事通信、曾與『泰晤士』爭雄一時。因而銷行額、突由五萬增至十五萬。今爲倫敦報界之重鎭焉。

統一黨機關

倫敦德利德勒克拉夫　創於一八五七年、爲統一黨之機關報。最初社運頗惡、嗣經一度改組、乃漸入佳境。至一八八二年、有二十四萬之銷數、在『泰晤士』大減價以前、爲倫敦發行最多之報紙。

編輯之取材與定期之特殊文

此報之編輯取材、甚重視社會的事件、尤注重於特殊文。如文學、美術、音樂、演劇、園藝上之論紀、每星期必定日揭載一頁、或二頁、皆係專門記者作品、甚博讀者之歡迎、是爲該報唯一之特色。

倫敦德利美爾　此報或意譯作『每日郵報』發行在一八九六年、其主人翁、卽旣記之諾斯克利夫爵士也。『美爾』之編輯與經營、純採美國之最新制度、造英國報界之新記錄、銷數占第一位。

（造英國報界之新記錄）

（發刊前之準備與試驗）

關於『美爾』之出世、諾爵士之苦心毅力、大有出人意表者。初、於一八九四年、卽着手籌備、嗣後屢經試驗。在試驗時代、聘許多名記者、派赴世界各處充通信員、並於紐約、巴黎諸地、設置分館、自一八九六年二月十五日起、逐日編輯、印刷、但不以示人、至五月四日、始正式發行。計至發行日之試驗費、已耗去四十萬元矣。

（發刊後）

諾爵士預期有十五萬份、卽足世間之需要、而第一日之銷數、近四十萬。第一月平均、一日超十七萬。不二載其銷數已至三十萬以上。其後逐漸增加、常昇降於八九十萬之間。廣告費之收入、年約五百萬圓。

（所遇之好機會）

『美爾』所遇之機會不一。如波牙戰爭、英倫報界、頗形沈寂、而『美爾』則竭全力以蒐集戰報、其銷數突由百萬增至百三十萬。維多利亞女皇逝世之日、實銷已達百四十萬又四千云。

五大成功秘訣

『美爾』成功之秘訣、約計有五、第一、當時報紙之對於讀者、皆以強硬自尊爲風氣、而『美爾』則務使報紙與讀者相密接。第二、社內之組織、取分工制度、社員活動、各劃範圍、而爲部長者、皆專門名家。第三、平素嘗探究銷數增減之原因、於編輯上、應時翻新、以新讀者之目。第四、致力於女界之論評記事、如關家庭欄之類。第五、取材以簡潔多趣爲方針、例如長篇演說、輒縮爲一節。裁判記事、只摘其有興味部分、彼律師駁雜之辨論、殆不顧之、而於法庭朗讀之婦女書信等件、則往往揭其全文焉。總之、察公衆趣味之所在、及一般輿論之趨向、以圖讀者之滿足、是爲『美爾』之根本政策、亦即『美爾』成功之絕大秘訣也。

地方版與盲人版

『美爾』除倫敦外、並特別發行曼徹斯祖版、巴黎版、(當日至羅馬)又每週且出一次使用點字之盲人版。

第四節　英國報界之現勢

突然侵入之諾爵士

泰晤士之變革與諾斯克利夫　現今英國報界之情狀、與十九世紀、迥乎不同、即諾斯克利夫爵士之經營方針、開從古未有之盛局、既略如前述、而可爲一大例證者、則『泰晤士』之變革是也。該報常保持英國固有之特色、所謂美國式者、則目爲黃色流派、決不附隨。然以時代之趨勢、曾幾何時、美國式報紙首領之諾爵士、遂成該社之主人翁矣。

變革始末

『泰晤士』內部之組織、向稱祕密、其資金之運用、及經營之眞相等、久爲世界之疑問。表面固爲華爾特家所有、而幾年前突發生被人收買之傳說、且其承受人爲『泰晤士』最嫌忌之美國式報紙首領之諾爵士、人更訝之。實則當時之『泰晤士、』並未全部賣却、乃成華爾特與諾爵士又盧茲伯利家之合資組織。社長之名、仍爲華爾特第五、諾爵士則操其經營大權。直至今年（一九二二）六月、諾爵士復以二十萬鎊、盡收華爾特家所有『泰晤士』之股份、而華爾特家與『泰晤士』之百餘年關係、於是斬絕。

改善編輯減輕售價

諾爵士經營『泰晤士』之唯一方針、卽改善編輯、減輕售價。前者、觀既述之『德利美爾』可以推知。後者、則一年之間、由三辨士減至一辨士。三辨士時代之『泰晤士』僅銷五六萬。減價後忽增至二十四五萬。未幾、因大戰影響、紙價昂騰、乃又恢復原值、然此係一時的不獲已、且爲各國報界共通之現象。而至本年春間、其價又大減特減矣、可見諾爵士之主

諾爵士全盛時代

義、始終不變也。

諾爵士掌握中之報紙、除『德利美爾』及『泰晤士』外、尚有多種。其銷數類皆五六十萬。英國報界之現勢、實可稱諾斯克利夫爵士全盛時代。

諾斯克利夫爵士之訃

本篇排校既竣、忽自倫敦來一電音、蓋諾斯克利夫爵士於一九二二年八月十四日與世長辭矣。此非僅爲英國報界之一大損失、實世界報界之一大損失也。——英國報界喪其偉大之一領袖、今後或不無何種變化。用特補誌於此、並表哀悼之忱。

第三章　法蘭西

第一節　新聞業勃興之由來

到自由之路

由抑壓而自由　法國報紙之起源、既述如前。而當其發生之初、政府惟極力援護一二御用報、對其他則取抑壓主義、此甚彰著之事實也。洎十八世紀末大革命、政府廢以前政策、採極端的自由主義、新聞業乃勃興。未幾、拿破崙一世即帝位、抑壓主義復活、許多報紙皆廢刊、所餘僅十三耳。其後、依一八三五年之法令、報紙之取締、乃稍寬大。至一八四八年之革命、更大得自由。然拿破崙三世之執政也、又施極端之抑制、新聞業又受非常之阻害。嗣後幾經變遷、至一八八一年七月二十九日第三次共和政府發布自由出版法、於是法國新聞業之基礎乃固、遂呈今日之盛況。

第二節　巴黎重要之報紙

溫和的共和黨機關

瑪丹　爲温和的共和黨機關報、創刊方三十餘年、極富活氣。酷似倫敦之『德勒克拉夫』甚重視文學及社會的記載。巴黎倫敦間、有私設電線。『瑪丹』之記載、甚足信賴、且常注全力攻擊不正行爲、以癉惡而彰善。而於經營上、更時開新奇之遊戲、競技等會、藉以招徠多數之讀者。

曾與拿翁筆戰之報

德巴　一七八九年薄頓氏創刊。初無甚起色。其後以二萬法郎讓於巴得屯氏。巴氏有機敏之判斷力、實天才的新聞家、接辦『德巴』後、一方督責政府、一方激勵國民、並招聘膠弗路易及非布等佐筆政、銳意經營、未幾、年獲二十萬法郎之餘利。一八〇五年、報紙檢閱制度實施、非布與拿翁開筆戰、驚倒一世。拿翁曾親致書該報、解釋檢閱之趣旨、略謂『政府所以禁止其不喜之報紙者、乃萬不得已之政策耳。』夫以報紙主筆、而得聆皇帝之駁論、固足見非氏個人之筆力、實『德巴』社之威力也。嗣以非布氏言論之效果、檢閱制度、卒告消滅。而非氏乃爲該報有責任之署名人。（詳見次項）後以『德巴』（討論）之名目不穩、曾爲一度之更改。一八一五年七月之革命、社運中興、再復舊名、其信用勢力、迄於今而未常稍衰。

五十餘年之報

路丹　約半世紀前創刊、今仍有偉大之權威。

攻擊不正最力之報

弗易加路　亦爲有相當年齡及勢力之報。一九一四年、爲閣員收賄問題、對於財政總長加約氏以論文插畫於九十五日間、攻擊百三十八回。既而加氏新夫人、將其主筆路美特氏刺殺、轟動一世。

美國式之兩報

鳩拿魯及巴黎機安　此二報於政治上之信用、勢力、雖有遜於前舉之各報、而於一般社會、實具莫大勢力。『鳩拿魯』有七十萬之銷數。『巴黎機安』之銷數、則號稱百八十萬、爲歐洲第一、有美國式之設備、常以專車發送報紙。

第三節　法國報紙之特質

堂堂正正之言論機關

非職業的　法國報紙有夙具之特質、與英美不同、第一、非職業的。英美報紙、雖多爲政黨之喉舌、而究其眞質、爲實用的、職業的。法國則大不然、經營報紙者、類皆別有懷抱、約言之、即以報紙作理想實現之手段方法耳。其中非無不偏不黨者、但就大體而論、多屬政黨或政治家個人之機關、藉以作發表政見之壇場、攻擊政敵之武器者也。是故英美記者之言論、通例皆不署名。而法國記者、殆如國會議員、所有言論、皆自立陣頭、旗鼓堂堂、而社長之名、必印刷於報紙之第一面、爲有責任之總署名人焉。

小說及劇評之勢力

美術的文學的　英美報界、恆於敏活方面注全力、多無裝飾文章之餘暇。而法國報紙、則始終於文章美麗上做工夫。質言之、法國新聞記者之目的、在爲文學家、歷史家、文章家、而英美記者最重之機敏、勤勉、彼等視之、寧屬第二之要素。故法國報紙、多以議論及小說等爲主要材料。就中小說之於社會、尤有特殊之勢力、報紙之銷數、常隨之消長。更重劇評、社中受最高之俸給者、即爲評劇家、名劇開演之際、往往特延原稿截止時間、以待劇評。至關於文學的作品、除特聘專員撰述外、更囑托名人寄稿、是爲風氣。

文學與記載並重

將來之趨勢　晚近法國報界感受英美之影響、而於記載方面亦甚知用力。如前記之『鳩拿耳』及『巴黎機安』二報、即其代表者、然從來之習慣、終未能廢也、報紙上專門名家之文學作品、依然擁擠。現代報紙僅恃尋常之論評、記載、不易生存、既屢述之、故法國報界之固有政策、決難輕棄也。

第四章　美利堅

第一節　美國報紙發展之經過

紐斯列特

日刊之起原　美國報紙於一六九〇年、發生於波士頓、已見首章、但該報係月刊、受官吏壓迫、僅出一號而斬。其得確立報紙之基礎者、一七〇四年波士頓之『紐斯列特』報也。每星期刊行一次、至一七七六年之革命戰爭遂絕。戰爭當時之報紙數、凡三十有七、然亦盡屬週刊。日刊報紙、直至一七八四年、始於費府舉呱呱之聲焉。

赫爾德以後之美國報界

報紙獨立時代　美國報界、初皆以轉載英國報紙爲能事、無機敏之活動、惟議論之是尚。又十九世紀初葉以前之美國新聞記者、大抵與窮厄相伴、兼營法律事務、或阿附政治及其他私利、藉圖生活。一八三五年『紐約赫爾德』創刊、樹獨立不羈之幟、宣言不爲何等政黨作機關。並力矯向來偏重議論之惡習、不惜巨資、施種種之設備。此報出世後、遂爲美國報界劃一新天地。哈得孫氏之美國報紙史稱『赫爾德』以後爲『報紙獨立時代』。

重視報紙之一斑

美國人與報紙　美國人目『報紙爲國民教育之大學』有『無鐵道無電線無報紙則美國不能存立』之說。美國人雖不盡爲報紙所支配、而國民之團結、所賴於報紙者實大也。又觀査費孫『與其居有法律無報紙之國、無寧居無法律有報紙之國』之言、則美國人之重視報紙、可概見矣。

遲鈍與敏活

今昔之比較　現今美國報界除受取聯合通信社之電報外、每年尙多有支出十萬之特別通信費者。至於開專車、架電線、雇輪船等事、早爲尋常之舉。如值大統領選舉等時、會場與新聞社之間、必設電線、一方由議長席附近拍電、新聞社則照電符以打字機速記之、同時付印。視往昔於若干日後、始將獨立宣言書揭出之遲鈍、其進程之相去、詎可以道里計哉。

第二節　紐約之大報

五百弗資金之報

紐約赫爾德　一八五三年創刊。社主柏乃特氏、初僅有五百弗之資金。柏氏備具編輯經營之才幹、與高遠銳敏之眼光、矯正偏重議論之陋習、以記載爲本位、且廣招商業廣告、卒奏偉功。一八七二年、柏乃特第二繼承父業、掌握社權、更屢投巨金、獲得專電、放異常之精彩。一八八二年之某日、揭載專電至四十欄之多。又同年某日之廣告、多至百欄、可以證明其社務之發達矣。

小柏乃特

柏乃特第二並甚注力於慈善事業、就中如支出北極探險經費、及寄贈數萬金於愛爾蘭貧民等、乃其尤著者。

歐洲大陸之英字報及小柏乃特之死

『赫爾德』又設分館於巴黎、發行歐羅巴版、爲歐洲大陸第一之英字報紙。柏乃特第二常駐巴黎、經理分館事務。除毎年歸美一次外、時以電報命令紐約本社、兼撰社說。彼實美國報界之領袖、不幸於一九一八年五月十四日於法國尼斯逝去、一時歐美報界、咸悼惜之。

威爾德

紐約威爾德　南北戰爭時、有一極貧青年、由匈牙利渡美、苦心重苦心、卒達事業之目的。其人爲誰、卽『紐約威爾德』報之創刊者普佑爾氏也。氏至不惑之齡失明、其子助之、數年前、遺數千萬之資產而逝。

『威爾德』在美國實爲極進取的、企業的報紙、極力發揮美國式之特色。銷行份數、由三十萬至四十萬、爲紐約第一。

正誤部及新聞材料

『威爾德』之最可稱許者、在注意記事之正確。數年前更於社內特設一正誤部(Bureau of Accuracy and Fair Play)置主任、專司正記事之謬誤。讀者有對於『威爾德』報上之某種記事、請求更正者、正誤部立卽詳密調查材料之出處、若請求者失當斯已矣、否則必根究負責之人、加以處分、同時以婉辭表明錯誤之原因、以謝罪於請求更正者。此法行之二年、成績極良、向之敵視『威爾德』者、忽成『威爾德』之密友矣。自正誤部設立以來、『威爾德』之聲價、日益高大。又世界第一新聞學校哥倫比亞大學之新聞科、卽『威爾德』社主遺贈巨萬之金而開辦者也。

新聞王之機關

紐約亞美利加　卽號稱美國新聞王之哈斯特之大報也。編輯長之年俸、達二十萬、美國之操觚界、爲之驚倒。該報以平易通俗爲主旨、故中流以下及勞動社會之讀者居多。其星期版之銷行、殆普遍全美、爲美國報界之奇蹟。

新聞記者之報紙

紐約僧　或直譯作『紐約太陽報』爲前述之德那氏所創辦。以品位論之、爲美國第一。編輯整齊、記載翔實、夙有『新聞記者之報紙』之稱。銷數近十萬。因與『威爾德』等報、旨趣不同、致欲加盟聯合通信社被『威爾德』社長畢佑爾氏反對而不能、德那乃自行組織一『拉扶通信社』以相角逐。上年將有聯合社加盟權之『紐約布列斯』報併吞後、始行加入聯合社焉。夕刊『唉喔林偕』與朝刊之編輯方針迥異、蓋純採美國一般之編輯法者、銷數約十五萬。

摩爾根等所有

紐約泰晤士　爲摩爾根等所有、持論穩健、取材豐富、亦爲有特殊勢力及信用之報。

極淸高之報紙

紐約唉喔林波斯特　或意譯作『紐約晚報』爲美國極淸高之報紙、性質爲保守的。設備雖不大、而基礎穩固。銷數不出五萬、所謂知識階級、甚愛讀之。

報界之老舖

紐約托利賓　美國報界之老鋪、共和黨之機關。其經營爲極保守的、今日已久無昔日之勢力。惟中流以上之世家、及教育社會、有相當之讀者。前國務卿路特氏、亦出資之一人也。

第三節　當今之美國報界

哈斯特事略

新聞王哈斯特　晚近於促進美國新聞事業之發展上與有大力者、則號稱新聞王之哈斯特是也、彼實爲美國報紙托辣斯之首領、與英國之諾斯克利夫爵士、同爲當代歐美報界之巨人、哈氏之父元爲上院議員、經營銀礦、遺貲數千萬而逝。其時氏方卒業大學、逾冠才六七年、性銳敏、富才識、辦報之念極強。初買收紐約一夕刊、繼又於紐約辦一朝刊、即頃記之『亞美利加』是也。以比較他社二倍三倍乃至五六倍之薪俸、硬將他社優秀之記者拉出、蓋純以黄金萬能爲辦報之方針也、德那氏曾於其『紐約僣』紙上著論嘲之、呼爲『黄色報』是即『黄色報』熟語之出處。雖然、哈斯特之報紙、紐約以外如舊金山、芝加高、波士頓等地、所在有之、勢力駸駸、彌漫全美、其前途正方興未艾也。

大戰以來之報界

最近之狀況　據一九一三年之調査、全美日刊報紙、七千二百零四種。週刊雜誌、一萬七千三百二十三種。然自一九一四年歐戰開始以來、大受影響、有退無進。上年『紐約唉喱林波斯特』社長咈拉特氏、於『門斯利』雜誌上、述美國報界之傾向、大旨在大報兼併小報、一九一七年停刊之報紙雜誌、凡七十六種。咈氏又謂、瑪苦列公司、有二十二個之報紙。布斯兄弟公司、有六種之報紙、美國人深以輿論將被資本家支配爲憂慮云云、此實美國報界極可注目之現象也。

餘錄

世界的新聞學

本篇乃一九二一年之冬美國米梭里大學新聞學院學長威廉博士在北京大學所演講、經胡適之君口譯、陳小蝶君筆記者。新聞學之要諦、於此三數千言中抉發淨盡、實本書之天然絕妙之結論也。

今天我到貴大學裏來演講、蒙諸君歡迎、覺非常榮幸。但是我的聲音不大響亮、並非是我不願意把聲浪提高、實在因爲是多吃了些北京的灰塵、把嗓子塞住了、所以不能提高、請諸位原諒。

學問這一件東西是沒有國界的、比方我今天所講的話諸位之中有些明暸的、有些雖然不能直接了解、但是間接的從翻譯方面可以知道的。我今天雖是在北京大學演講、然而要是我米梭里大學的學生知道的時候、一定是很歡迎的、一方面歡迎他們在中國有了同志、一方面感謝胡先生的功勞、他介紹我的意思、使他們得着同志的人。

今天我要向諸位講的是『世界的新聞學、』這個問題便是我在米梭里大學所昕夕研究的。米梭里大學是美國的一個省立的大學、在這個學校裏面中國學生也很多、並且有些畢業回來的、他們現在中國各處新聞界都得着一部分勢力、予中國新聞界以很大的貢獻。中國是印刷術最先發明的國家、世界上若沒有印刷術、新聞學絕不能產出。所以我現在中國談新聞事業、好比似小兒女向他的母親報告他的經驗一般、是件很有趣的事情。世界的報紙現在有六萬多種了、其中有些是進步很快、程度很高的、也有些進步很慢、程度差池的、這也是不可免的事實、比如農夫播種、有些成長了、結實了、有些就沒發芽、或者枯萎了。

世界的報紙雖然如此的多、但就他們的內容、可以大別有三類。第一種是專門供給新聞、傳播消息、報告每日或每月發生的社會上各種事實的。第二種是提出意見、解釋或批評各種事實的。第三種是討論學術、如文學、哲學、各種專門科學等等雜誌、既不傳播消息、又不批評事理、專門研究各種科學的發見、報告科學界的消息的。雖然現在各種報紙不盡完全偏於一方面、往往對於此三種性質都沾染一點、但仍然可以看出他的主要方面。

仍可分三種的區別。

此外還可以依他們的性質、形式、和他的來源、按國家的觀念去分別、可以分四種。第一是英國式的、這一派注重意見、批評、論說、和一切政治的活動都是他們所取的資料。第二是法國式的、這一派注重在新聞的方法、怎樣去傳播、怎樣去發表、怎樣引起讀者的同情和助長讀者的興趣、總而言之、他們完全注重方法和體裁、不大注重事實。第三是德國式的、這一派在歐戰以前、他所取的態度、是注重哲學、討論學術、發表意見、思想和理論、不注重新聞和社會以及批評、歐戰以後他的態度和趨向、還沒有觀察明白、不敢遽加判斷。第四便是美國式的、這一派的情形、我比較的最熟悉、他注重新聞和消息的傳播、務求靈敏迅速、至於報告的方法、務求使人注意並且引起人們的興趣、對於人人注目的問題、多加詳細的討論、世界各方面的事實和消息、都廣搜博採、不單如此、文學、科學各方面、運動、遊戲、如賽馬、賽球等等社會的個人的細屑事務都包羅着、爲的是使看的人有趣味、不專門偏重政治現象、使人費腦筋思索。

以上所說的都是新聞的分類、我們要知道研究學問、因爲淸晰起見、分類是需要的、但並不是重要的、分類的方法、千態萬殊、從這方面着眼、可以得一種分法、從那方面着眼、又可以得另外一種分法、無論怎麼分、都可以、不必爲這件不要緊的事情、把科學的重要點反耽誤了。新聞學最重要的一點、便是使報紙有成效、怎麼樣叫報紙有成效呢、要答這個問題、最注重的有五個條件。

第一、獨立、報紙是代表輿論的機關、應當取公正人的態度、不應當承某人某黨派的關注、仰某人某黨的鼻息或受他的津貼而牟眞正的意見作植黨營私的奴隸、所以要保持獨立的精神、以純潔的我的意見我的理論去替全社會做事、主持公道、便是第一個要義。

第二、辦報要大膽有勇氣、不怕外來的壓力、脅迫、誘惑、不受一切的制裁。所謂勇氣、不但物質上的勇氣、物質上的勇氣、不屈撓、不自逃、是容易做到的、並且要道德上的—精神上的—勇氣、無論如何、不爲外力所脅迫、引誘而變更志向、纔能算是眞有勇氣有毅力的新聞記者。儒弱的和意志薄弱的人、決沒有做新聞記者的資格。

第三、新聞要眞確老實、不應僞飾或揑造以喪失信用、自貶價値。新聞採訪的時候、要審愼、將要傳播的時候、要注意他的來源是否正確。不正確的和影響模糊的新聞消息、決不能傳播。若勇於說謊、決不配當新聞記者。新聞記者唯一的格言、也可以說是唯一的要義、是『說老實話。』

第四、新聞記載的要有興趣、因爲報紙是要人看的、倘若乾燥無味、人家豈願意看呢、不願意看、銷路便不廣、報紙便無用了、在社會上既不足爲善、也不足爲惡、可謂毫無影響了、既是如此、何必費多少精神、時間和金錢作無代價的犧牲呢、所以必須設法引起人們的興趣、然後銷路才廣、才可以舉足輕重作輿論的代表了。比方我爲什麼遠渡重洋不辭勞瘁的跑到中國來呢、就是因爲中國能引起我的興趣、使我對於中國的事物、人生、樂於研究的緣故。

第五、可以總括以前四項的、便是要乾淨、純潔而且有用處。所謂乾淨、是要免除卑鄙惡濁的新聞、純潔是一秉至公、不偏不黨、至於有用、便無須解說了。世界各國的報紙、其間良莠不齊、固然有些是乾淨純潔有用的、確也有些卑鄙惡濁的、有害社會的。所以既辦報紙、必須辦乾淨、純潔的、壽命能長久的、有益於社會的、纔算得是個新聞紙。

以上所說的是研究新聞學的人和創辦報紙的最重要的條件。諸位中有許多有志於研究新聞的、想藉新聞爲社會服務的、都應當知道有三種預備的工夫、便是智識、技能、人格、這三種都要有了相當的程度、然後才可以去研究新聞學、去實行新聞事業。

爲什麼要智識呢、因爲新聞是包羅萬象的、要想成一個大記者、大輿論家、必定要知道文學、哲學、論理學、法學、政治學、倫理學、以及其他等等社會科學、物質科學、這些學問雖然不是新聞學所研究的、却是新聞家的創造者、假使不知道自然科學、便容易記載些怪誕不經的消息、不知道社會科學、決不能批評和議論。有了這些智識了、倘若不能發揮、也是枉然、所以不得不有一種技術、如演說、作文等等必定有相當的程度、然後才可以發表意見、俾衆週知。有了智識了、又有了技術了、假使無道德、格外危險、因爲他容易顛倒黑白和淆惑是非的、足以能爲社會大害。所以必須道德高尚、必須有獨立的人格、才可以實行以上所說的五個條件。

諸君所處的地位、研究新聞學的機會比較上很好、一則因爲上述三種預備的工夫不是在專門學校或職業學校所能培養的、是必須大學去培養、高深學識去造就的。中國和世界所需要的、便是有智識、有志願、而且受過高等教育訓練出來的輿論家。諸君都在大學了、有預備的可能了。二則謂貴校的蔡校長先生、是一個道德、學問兼備而且提倡新聞學的人、這樣人做諸君的領袖、那麼諸君的機會、更加一層保障了。希望諸君努力成就世界需要的新聞記者而指導全社會。在英文中有一句詩、許多人都愛引用他、他的意思是『一枝筆比一把刀強得多、』這句話是不錯的、但是引的人把他斷章取義、以致意思不充分了、現在我把他原來的上半句也引來補足了這個意義、『偉大人格底人、手中的一枝筆、比刀劍強得多、』諸君要知道這個意義去努力、你們中國的刀和世界上的刀、都要有戰敗的一日。

我敢說世界上沒有一國能像美國歡迎中國學生的、沒有一國的學生像美國學生能有胞與的觀念、竭力歡迎中國的同學的、他們國家和學生、都願意中國學生去同他們互相切磋、互相扶助、去預備相當的學問和生活、這句話我希望諸位將來能證明、由在座諸位的擔保、我敢代表米梭里大學的學生歡迎諸位、盼望諸位在這個大學—北京大學—裏面能成就最高尚最良好的新聞記者、隔着重洋互相與他們握手。現在此處我帶來了一封信、是他們給諸君的、上面寫着『希望歡迎東方的新聞學者。』

「米梭里大學新聞學院學生等公同竭誠歡迎東方北京大學學生諸君、故特託吾學院學長先生致吾儕之歡迎書於諸君、諸君乎、世界恐怖之歐洲戰劫於今已矣、世界上之民族已得回復其生機於彌留之中、民族之希望罔不欲世界自此康健永不復有二次大病之纏擾。但毒燄雖息、餘灰未燼、世界前途可預料乎、和平能永久保障耶、是未可必。雖然、吾親愛之諸友乎、世界將來之和平、繫諸民族之心理、民族之心理、繫乎有識者之鼓吹。新聞界之事業、轉移民族心理之事業也、公共和平之目的、將來民族之幸福、胥賴斯焉。諸友乎、壹與乎來、吾儕將共勉焉、其通力合作乎。

代表者米梭里大學新聞學院學生會長兼本校學生會長勃蘭德簽字」

應用新聞學 終

图书在版编目（CIP）数据

应用新闻学 / 任白涛著．—北京：中国传媒大学出版社，2018.3
（中国近代新闻学名著系列丛书 / 芮必峰主编）
ISBN 978-7-5657-2267-7

Ⅰ．①应…　Ⅱ．①任…　Ⅲ．①新闻学　Ⅳ．① G210

中国版本图书馆 CIP 数据核字（2018）第 042585 号

中国近代新闻学名著系列丛书
芮必峰　主编
应用新闻学
YINGYONG XINWENXUE

著　　者　任白涛
策划编辑　司马兰　姜颖昳
责任编辑　姜颖昳
封面设计　拓美设计
责任印制　阳金洲

出版发行　中国传媒大学出版社
社　　址　北京市朝阳区定福庄东街 1 号　　邮编：100024
电　　话　86-10-65450532 或 65450528　　传真：010-65779405
网　　址　http://www.cucp.com.cn
经　　销　全国新华书店

印　　刷　北京华联印刷有限公司
开　　本　787mm × 1092mm　1/16
印　　张　16.75
字　　数　170 千字
版　　次　2018 年 6 月第 1 版　　2018 年 6 月第 1 次印刷

书　　号　ISBN 978-7-5657-2267-7/G · 2267　　**定　　价**　78.00 元